Parabéns!
Agora você faz parte do **Plurall**, a plataforma digital do seu livro didático!
No **Plurall**, você tem acesso gratuito aos recursos digitais deste livro por meio do seu computador, celular ou *tablet*.

Venha para o **Plurall** e descubra uma nova forma de estudar!
Baixe o aplicativo do **Plurall** para Android e IOS ou acesse **www.plurall.net** e cadastre-se utilizando o seu código de acesso exclusivo:

AAPEVJX5W

Este é o seu código de acesso Plurall.
Cadastre-se e ative-o para ter acesso aos conteúdos relacionados a esta obra.

@plurallnet
@plurallnetoficial

MARCHA CRIANÇA

5º ANO
ENSINO FUNDAMENTAL

CIÊNCIAS

Maria Teresa Marsico
Licenciada em Letras pela Universidade Federal do Rio de Janeiro (UFRJ).
Pedagoga pela Sociedade Unificada de Ensino Superior Augusto Motta.
Atuou por mais de trinta anos como professora de Educação Infantil e Ensino Fundamental das redes municipal e particular do estado do Rio de Janeiro.

Maria Elisabete Martins Antunes
Licenciada em Letras pela Universidade Federal do Rio de Janeiro (UFRJ).
Atuou durante trinta anos como professora titular em turmas do 1º ao 5º ano da rede municipal de ensino do estado do Rio de Janeiro.

Armando Coelho de Carvalho Neto
Atua desde 1981 com alunos e professores das redes pública e particular de ensino do estado do Rio de Janeiro. Desenvolve pesquisas e estudos sobre metodologias e teorias modernas de aprendizado. Autor de obras didáticas para Ensino Fundamental e Educação Infantil desde 1993.

Vívian dos Santos Marsico
Pós-graduada em Odontologia pela Universidade Gama Filho.
Mestra em Odontologia pela Universidade de Taubaté.
Pedagoga em formação pela Universidade Veiga de Almeida.
Professora universitária.

editora scipione

editora scipione

Direção Presidência: Mario Ghio Júnior
Direção de Conteúdo e Operações: Wilson Troque
Direção editorial: Luiz Tonolli e Lidiane Vivaldini Olo
Gestão de projeto editorial: Tatiany Renó, Juliana Ribeiro Oliveira Alves (assist.)
Gestão de área: Isabel Rebelo Roque
Coordenação: Luciana Nicoleti
Edição: Ana Carolina Suzuki Dias Cintra, Daniella Drusian Gomes, Laura Alves de Paula, Mariana Amélia do Nascimento (assist.), Regina Melo Garcia e Sabrina Nishidomi
Planejamento e controle de produção: Patrícia Eiras e Adjane Queiroz
Desenvolvimento Página +: Bambara Educação
Caderno de Criatividade e Alegria: Asa de Papel
Revisão: Hélia de Jesus Gonsaga (ger.), Kátia Scaff Marques (coord.), Rosângela Muricy (coord.), Ana Curci, Ana Maria Herrera, Ana Paula C. Malfa, Carlos Eduardo Sigrist, Claudia Virgilio, Daniela Lima, Gabriela M. Andrade, Heloísa Schiavo, Maura Loria, Patricia Cordeiro, Paula T. de Jesus, Vanessa P. Santos; Amanda T. Silva e Bárbara de M. Genereze (estagiárias)
Arte: Daniela Amaral (ger.), Claudio Faustino (coord.), Eber Alexandre de Souza (edição de arte)
Diagramação: Essencial Design
Iconografia e tratamento de imagem: Sílvio Kligin (ger.), Roberto Silva (coord.), Douglas Cometti (pesquisa iconográfica), Cesar Wolf e Fernanda Crevin (tratamento)
Licenciamento de conteúdos de terceiros: Thiago Fontana (coord.), Liliane Rodrigues (licenciamento de textos e fonogramas), Claudia Rodrigues, Erika Ramires, Luciana Cardoso Sousa e Luciana Pedrosa Bierbauer (analistas adm.)
Ilustrações: Laís Bicudo (Aberturas de unidade), Cassiano Röda, Ilustra Cartoon, Osni de Oliveira e R2 Editorial
Design: Gláucia Correa Koller (ger.), Flávia Dutra (proj. gráfico e capa), Erik Taketa (pós-produção), Gustavo Vanini (assist. arte)
Ilustração e adesivos de capa: Estúdio Luminos

Todos os direitos reservados por Editora Scipione S.A.
Avenida das Nações Unidas, 7221, 1º andar, Setor D
Pinheiros – São Paulo – SP – CEP 05425-902
Tel.: 4003-3061
www.scipione.com.br / atendimento@scipione.com.br

Dados Internacionais de Catalogação na Publicação (CIP)

```
Marcha criança ciências 5º ano / Maria Teresa Marsico...
[et al.] - 14. ed. - São Paulo : Scipione, 2019.

Suplementado pelo manual do professor.
Bibliografia.
Outros autores: Maria Elisabete Martins Antunes, Armando
Coelho de Carvalho Neto, Vívian dos Santos Marsico.
ISBN: 978-85-474-0198-6 (aluno)
ISBN: 978-85-474-0199-3 (professor)

1.    Ciências (Ensino fundamental). I. Marsico, Maria
Teresa. II. Antunes, Maria Elisabete Martins. III. Carvalho
Neto, Armando Coelho de. IV. Marsico, Vívian dos Santos.

2019-0073                                    CDD: 372.35
```

Julia do Nascimento - Bibliotecária - CRB-8/010142

2020
Código da obra CL 742211
CAE 648170 (AL) / 648171 (PR)
14ª edição
1ª impressão
De acordo com a BNCC.

Impressão e acabamento: Bercrom Gráfica e Editora

Uma publicação

Os textos sem referência foram elaborados para esta coleção.

Laís Bicudo/Arquivo da editora

Com ilustrações de **Laís Bicudo**, seguem abaixo os créditos das fotos utilizadas nas aberturas de Unidade:

UNIDADE 1: Árvore: Jan Martin Will/Shutterstock, **Cerca de madeira:** Sichon/Shutterstock, **Telescópio:** Mimka/Shutterstock.

UNIDADE 2: Árvore em primeiro plano na p.51: Wiratchai wansamngam/Shutterstock, **Óculos escuros:** Karavanov_Lev/Shutterstock, **Moitas:** BK foto/Shutterstock, **Árvores:** majeczka/Shutterstock, **Peixes:** MANSILIYA YURY/Shutterstock.

UNIDADE 3: Tolha xadrez: Ann Yuni/Shutterstock, **Flores:** sakdam/Shutterstock, **Óculos escuros:** Prokrida/Shutterstock, **Sanduíches:** abamjiwa al-hadi/Shutterstock, **Garrafinhas verdes:** begun1983/Shutterstock, **Guardanapos:** NYS/Shutterstock, **Maçãs:** baibaz/Shutterstock.

UNIDADE 4: Carrinho: Slava_Kovtun/Shutterstock, **Algodão:** Olha Kozachenko/Shutterstock, **Limão com folha:** Roman Samokhin/Shutterstock, **Tecido da camisa do homem:** Assoli Green/Shutterstock, **Imã:** ShutterStockStudio/Shutterstock, **Garrafinha plástica:** AlenKadr/Shutterstock, **Limão sem folha:** Eywa/Shutterstock, **Balança:** litchima/Shutterstock, **lâmpadas:** Leigh Prather/Shutterstock, **Clipes sobre a mesa:** SKphotographer/Shutterstock, **Pilhas:** Goncharenya Tanya/Shutterstock, **Tecido jeans da calça da mulher:** FabrikaSimf/Shutterstock, **Clipes no imã:** Bokeh Art Photo/Shutterstock, **Latas de lixo reciclável:** BIRTHPIX/Shutterstock.

APRESENTAÇÃO

Querido aluno

Preparamos este livro especialmente para quem gosta de estudar, aprender e se divertir! Ele foi pensado, com muito carinho, para proporcionar a você uma aprendizagem que lhe seja útil por toda a vida!

Em todas as unidades, as atividades propostas oferecem oportunidades que contribuem para seu desenvolvimento e para sua formação! Além disso, seu livro está mais interativo e promove discussões que vão ajudá-lo a solucionar problemas e a conviver melhor com as pessoas!

Confira tudo isso no **Conheça seu livro**, nas próximas páginas!

Seja criativo, aproveite o que já sabe, faça perguntas, ouça com atenção...

... E colabore para fazer um mundo melhor!

Bons estudos e um forte abraço,

Maria Teresa, Maria Elisabete,
Vívian e Armando

Laís Bicudo/Arquivo da editora

CONHEÇA SEU LIVRO

Veja a seguir como seu livro está organizado.

UNIDADE

Seu livro está organizado em quatro Unidades. As aberturas são compostas dos seguintes boxes:

Entre nesta roda
Você e seus colegas terão a oportunidade de conversar sobre a imagem apresentada e a respeito do que já sabem sobre o tema da Unidade.

Nesta Unidade vamos estudar...
Você vai encontrar uma lista dos conteúdos que serão estudados na Unidade.

VOCÊ EM AÇÃO

Você encontrará esta seção em todas as disciplinas. Em **Ciências**, há atividades procedimentais, experiências ou vivências para você aprender na prática o conteúdo estudado.

O TEMA É...

Comum a todas as disciplinas, a seção traz uma seleção de temas para você refletir, discutir e aprender mais, podendo atuar no seu dia a dia com mais consciência!

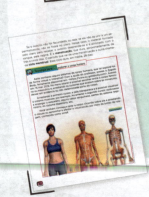

TECNOLOGIA PARA...

Boxe que sugere como utilizar a tecnologia para estudar o conteúdo apresentado.

ATIVIDADES

Momento de verificar se os conteúdos foram compreendidos por meio de atividades diversificadas.

AMPLIANDO O VOCABULÁRIO

Algumas palavras estão destacadas no texto e o significado delas aparece sempre na mesma página. Assim, você pode ampliar seu vocabulário.

SAIBA MAIS

Boxes com curiosidades, reforços e dicas sobre o conteúdo estudado.

Ao final do livro, uma página com muitas novidades que exploram o conteúdo estudado ao longo do ano.

≷ Material complementar ≶

CADERNO DE CRIATIVIDADE E ALEGRIA

Material que explora os conteúdos de Ciências de forma criativa e divertida!

MUNDO DA CIÊNCIA

Uma nova revista recheada de conteúdos para você explorar e aprender mais! Elaborada em parceria com o Jornal *Joca*.

≷ Quando você encontrar estes ícones, fique atento! ≶

 No caderno    Em dupla   Em grupo

 35 metros

 5 metros

Sempre que possível, o tamanho aproximado de alguns seres vivos será indicado por esses símbolos. Quando a medida for apresentada por uma barra vertical, significa que ela se refere à altura. Quando for representada por uma barra horizontal, significa que se refere ao comprimento.

SUMÁRIO

UNIDADE 1 — UNIVERSO E AMBIENTE 8

- **1** O Universo 10
  - Constelações 11
  - Mapas celestes 13
- **Você em ação** → Lente de aumento 14
- **O tema é...** → Os satélites artificiais e o lixo espacial 16
- **2** O Sistema Solar 18
  - Os planetas 18
  - Satélites 20
- **3** O planeta Terra e seus movimentos ... 22
  - Movimento de rotação 23
  - Movimento de translação 24
  - Solstício e equinócio 26
- **Você em ação** → A Lua ao redor da Terra 30
  - A crosta terrestre 32
  - O manto 33
  - O núcleo 33
  - Transformações na crosta terrestre 34
- **Você em ação** → Construindo um vulcão 38
- **4** A Lua e seus movimentos 40
  - As fases da Lua 42
- **5** A camada de ozônio e o efeito estufa ... 45
  - O buraco na camada de ozônio 46
  - Efeito estufa e aquecimento global 46

UNIDADE 2 — OS SERES VIVOS E O AMBIENTE 50

- **6** A diversidade dos seres vivos 52
- **7** As plantas 54
  - As partes das plantas 56
  - Fotossíntese 58
  - Respiração 59
  - Transpiração 59
  - A água na natureza 62
- **8** Os animais 68
  - Animais vertebrados 68
  - Animais invertebrados 70
  - A reprodução dos animais 74
  - Animais ameaçados 78
  - Os seres vivos e o fluxo de energia na natureza 81
  - A cadeia alimentar 82
- **O tema é...** → Lugar de animal silvestre é na floresta 88
- **Você em ação** → Criando um *habitat* 90

UNIDADE 3 — SER HUMANO E SAÚDE 92

- **9** A estrutura do corpo humano 94
  - As células 94
  - Os tecidos 95
- **10** O sistema locomotor 98
  - O esqueleto 98
- **Você em ação** → Modelo de articulação do braço 99
  - Os músculos 100
- **11** O sistema nervoso 102
  - Os órgãos dos sentidos 103
- **12** Nutrição do corpo 106
  - Cuidados com a alimentação 110

≥ 13 ≤ **O sistema digestório** 113
≥ 14 ≤ **O sistema respiratório** 116
    Por que ficamos ofegantes? 118
Você em ação → Simulando os movimentos respiratórios 120
≥ 15 ≤ **O sistema cardiovascular** 122
≥ 16 ≤ **O sistema urinário** 126
≥ 17 ≤ **Como alguns sistemas se relacionam** 128
≥ 18 ≤ **O sistema genital** 130
    Sistema genital masculino 130
    Sistema genital feminino 131
O tema é... → Montanha-russa de emoções .. 134
≥ 19 ≤ **Saneamento básico** 136
    O tratamento da água 136
    A rede de esgotos 137
    A coleta do lixo 137
    Sustentabilidade 138
≥ 20 ≤ **As doenças** 141
    Doenças causadas por microrganismos 142
    Doenças causadas por vermes ... 146
≥ 21 ≤ **Primeiros socorros** 149
    Sangramento 149
    Queimadura 149
    Fratura 149
    Ferimento 150
    Choque elétrico 150
    Picada de inseto e envenenamento 150
    Desmaio 150

UNIDADE 4 — MATÉRIA E ENERGIA 152

≥ 22 ≤ **Matéria** 154
    Os estados físicos da matéria ... 154
    A transformação da matéria 155
    Propriedades da matéria 156
Você em ação → Abajur de lava 158
≥ 23 ≤ **Energia** 161
    Tipos de energia 161
≥ 24 ≤ **Energia térmica** 164
    Efeitos do calor 164
Você em ação → Como funciona um termômetro 166
≥ 25 ≤ **Combustão** 168
    Combustíveis fósseis 171
    Biocombustíveis 171
≥ 26 ≤ **Eletricidade** 173
    Usinas geradoras de energia elétrica 173
O tema é... → Fontes renováveis de energia .. 176
    Pequenos geradores de energia 178
    Como se transporta a eletricidade 181
    Circuito elétrico 182
    Cuidados com a energia elétrica ... 183
Você em ação → Improvisando uma pilha 185
≥ 27 ≤ **Magnetismo** 186
    Os polos do ímã 187
    O magnetismo da Terra 188
    Eletroímã 188
Você em ação → Clipe voador 189
BIBLIOGRAFIA 192

PÁGINA +   A FORMAÇÃO DO UNIVERSO

UNIDADE 1
UNIVERSO E AMBIENTE

Entre nesta roda

- Você já parou para observar o céu? Quais elementos você consegue identificar no céu representado na cena?
- Você conhece o instrumento que o menino da cena está utilizando? Qual é a função desse equipamento?
- Você sabe como os cientistas fazem para explorar os diversos ambientes da Terra ou mesmo o espaço e fazer descobertas importantes para a ciência?

Nesta Unidade vamos estudar...

- Universo
- Constelações
- Sistema Solar
- Planeta Terra e seus movimentos
- Crosta terrestre
- Lua e seus movimentos
- Força gravitacional
- Camada de ozônio
- Efeito estufa e aquecimento global

1 O UNIVERSO

Como será que tudo começou? Essa é uma das perguntas mais intrigantes que existem e ainda não há uma resposta definitiva para ela.

A maioria dos cientistas acredita que o Universo surgiu a partir do *big-bang* (em português, "grande explosão"), que foi uma explosão gigantesca que aconteceu há muito tempo (cerca de 13,8 bilhões de anos). O resultado disso foi o nascimento das primeiras estrelas, que formaram, então, as **galáxias**.

Por meio de **telescópios**, podemos ver bilhões de galáxias que compõem o Universo. E cada uma delas contém bilhões de estrelas.

> **telescópios:** instrumentos que favorecem a visualização de objetos distantes.

A galáxia em que está o planeta Terra chama-se **Via Láctea**. Esse nome foi dado porque ela lembra um "caminho de leite" no céu.

O Universo, que costumamos chamar de espaço, é formado por grandes regiões vazias, galáxias, estrelas, planetas, satélites e cometas. Tudo o que vemos no espaço é chamado de **astro** ou **corpo celeste**.

Os astros podem ser luminosos ou iluminados. **Astro luminoso** é aquele que tem luz própria, como o Sol e as outras estrelas. **Astro iluminado** é aquele que não tem luz própria; ele apenas reflete a luz que recebe de um astro luminoso. Os planetas, como a Terra, os satélites naturais, como a Lua, e os planetas-anões, como Plutão, são astros iluminados.

EXPLORE O INFOGRÁFICO DA PÁGINA +.

Em uma noite limpa, podemos ver parte da Via Láctea na forma de uma faixa branca que cruza o céu.

Constelações

Órion, Cruzeiro do Sul, Escorpião, Cão Menor e Centauro. Você sabe o que esses nomes denominam? Todos são **constelações** que podem ser vistas no céu em determinado período do ano.

Cada constelação é uma porção da **esfera celeste**. Assim, as constelações são formadas por todos os elementos presentes nessa porção, e não apenas por estrelas.

esfera celeste: esfera imaginária que envolve a Terra. Nela estão projetados todos os corpos celestes.

As estrelas das constelações são nomeadas em função de seu brilho: a mais brilhante é chamada alfa; a segunda mais brilhante é chamada beta; a terceira, gama; e assim por diante, de acordo com o alfabeto grego.

Saiba mais

A origem das constelações

[...] As constelações foram inventadas pelo ser humano. [...] Às vezes, coincidia que quase o mesmo conjunto de estrelas tinha nome e significado diferentes para povos diferentes. [...]

Com o tempo, os povos perceberam que as constelações podiam ser úteis. Era possível identificar os períodos de caça, agricultura e pesca. Serviam para determinar a passagem do tempo, as estações do ano e o clima. Foram feitos calendários inspirados nos fenômenos celestes (como os períodos lunares e solares). [...]

Atualmente, as constelações [...] são úteis para os estudos astronômicos, como, por exemplo, indicar direções no Universo e tornar mais fácil a identificação de astros no céu. Existem estrelas que são utilizadas para direcionar equipamentos de navegação espacial, como a Canopus, da constelação Carina, a Formalhaut, do Peixe austral, e Sírius, do Cão maior.

Constelação indígena brasileira chamada Homem Velho. Na imagem, é possível ver as Três Marias (indicadas na imagem pela seta), que também fazem parte da constelação ocidental Órion.

Conhecendo as constelações, de Ariana França Clávia. **Observatório Astronômico Frei Rosário (UFMG).** Disponível em: <http://www.observatorio.ufmg.br/dicas13.htm>. Acesso em: 16 abr. 2019.

Atualmente, a União Astronômica Internacional (UAI) reconhece 88 constelações, ou seja, que a esfera celeste pode ser dividida em 88 partes.

A observação das constelações ajuda a identificar as estações do ano. No hemisfério sul, por exemplo, a constelação de Órion é visível em dezembro (verão) e a constelação de Escorpião é visível em junho (inverno).

● Constelação de Órion. As Três Marias representam o cinturão de Órion.

● Constelação de Escorpião. Antares é a estrela mais brilhante dessa constelação.

Saiba mais

O Cruzeiro do Sul

No Brasil o Cruzeiro do Sul é a mais conhecida das 88 constelações em que dividimos as estrelas vistas da Terra. Isso não apenas por sua fácil identificação no céu, como também por figurar em posição de destaque (central) na bandeira brasileira; em brasões oficiais da república; etc. [...].

● Constelação Cruzeiro do Sul

O Cruzeiro do Sul é a menor (a que ocupa uma menor área no céu) de todas as 88 constelações. Antigamente o Cruzeiro do Sul fazia parte da constelação do Centauro (que hoje o envolve). No século XVI, porém, com um maior fluxo de europeus ao hemisfério sul, o Cruzeiro do Sul foi separado de Centauro, passando a ser considerado uma constelação própria; devido à disposição característica e brilho intenso de suas mais brilhantes estrelas.

O Cruzeiro do Sul, de Renato Las Casas. R. **Observatório Astronômico Frei Rosário (UFMG)**. Disponível em: <http://www.observatorio.ufmg.br/pas29.htm>. Acesso em: 28 fev. 2019.

Mapas celestes

Os **mapas celestes**, também conhecidos como **cartas celestes**, são importantes instrumentos de orientação, de identificação de objetos e corpos celestes. Eles trazem a mesma visão do céu de um observador na superfície da Terra, acompanhando as indicações dos pontos cardeais. Neles podem estar representados estrelas, constelações, planetas, a trajetória e posição do Sol, entre outros.

Tecnologia para... observar o céu

Com a ajuda do professor, você pode acessar um mapa celeste interativo virtual disponível em: <https://www.heavens-above.com/skychart2.aspx?lat=0&lng=0&loc=Unspecified&alt=0&tz=UCT>. Acesso em: 28 fev. 2019.

Para gerar um mapa celeste, basta digitar na porção superior da tela as informações de ano, mês, dia, horário e clicar em "Confirmar alterações".

Com o mapa gerado é possível identificar as constelações presentes no céu no momento escolhido, a trajetória e a posição do Sol, entre outras informações.

Além disso, na porção inferior da página é possível selecionar os elementos que serão mostrados no mapa celeste. Para imprimir o mapa gerado, é só clicar no ícone de impressora.

Mapa celeste gerado para as 14 horas e 44 minutos do dia 25 de abril de 2019.

VOCÊ EM AÇÃO

Lente de aumento

A observação do céu sempre despertou a curiosidade do ser humano. Nesse sentido, o desenvolvimento de instrumentos de observação a distância e a ampliação de imagens foi fundamental.

Que tal montar um dispositivo simples que possibilita a ampliação da imagem dos objetos?

Material:

- 1 (um) copo de plástico transparente
- 1 (um) elástico
- água
- filme plástico de cozinha (com o tamanho aproximado de uma folha de caderno)
- objetos pequenos (botões, moedas, pedrinhas, etc.)

Atenção: faça com a ajuda de um adulto.

Dicas importantes

- Durante as atividades práticas, esteja sempre atento.
- Acompanhe e siga corretamente as etapas de cada atividade.
- Não guarde dúvidas. Pergunte tudo o que você não tiver entendido.
- Tome bastante cuidado durante as atividades práticas e ao manusear o material. Se houver um aviso de que você precisa da assistência de um adulto, não faça nada sozinho.

Procedimentos:

1. Coloque os objetos dentro do copo plástico.

2. Cubra-o com o filme plástico, mas deixe-o um pouco frouxo.

3. Utilize o elástico para prender o filme plástico ao copo, como mostra a ilustração abaixo.

4. Coloque um pouco de água sobre o filme plástico.

5. Veja o que acontece.

Observação e conclusão

- O que você observou? Por que você acha que isso acontece?

....
....
....
....
....
....

O TEMA É...

Os satélites artificiais e o lixo espacial

Leia o texto a seguir, extraído do site do **Programa Espacial Brasileiro**.

>Um satélite é qualquer objeto que gira em torno de um corpo celeste pela ação da gravidade. Planetas e estrelas podem possuir vários satélites chamados "naturais". A Lua, por exemplo, é um satélite que gira em torno da Terra. Dizemos que a Lua é um satélite natural, pois está em órbita ao redor da Terra e teve sua origem de forma natural, sem relação com a ação humana. Além dos satélites naturais, há, também, os artificiais, que são aqueles construídos e colocados em órbita pela ação humana. Assim, quando falamos em satélites do ponto de vista de tecnologia, estamos nos referindo aos satélites artificiais. [...]

Satélites, de Programa Espacial Brasileiro. **Agência Espacial Brasileira**. Disponível em: <http://www.aeb.gov.br/programa-espacial-brasileiro/satelites>. Acesso em: 27 jan. 2019.

Os satélites e outros objetos espaciais tornaram-se fundamentais para o uso de tecnologias na Terra, para a comunicação e para os estudos sobre o planeta. Algumas imagens captadas por satélite, por exemplo, são utilizadas no controle de queimadas no território brasileiro.

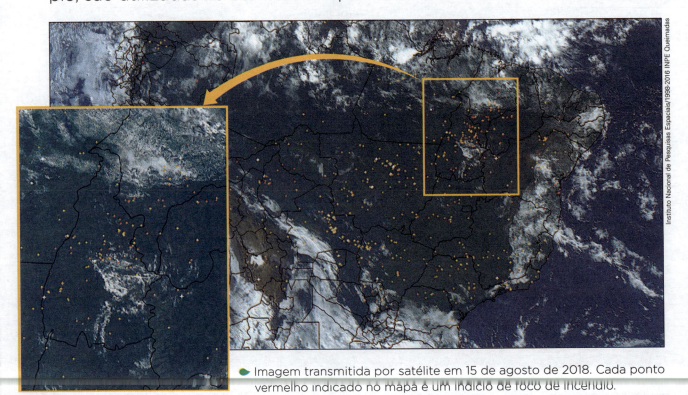

● Imagem transmitida por satélite em 15 de agosto de 2018. Cada ponto vermelho indicado no mapa é um indício de foco de incêndio.

O lixo espacial

Lixo espacial é qualquer objeto lançado ou deixado na órbita da Terra que não tenha mais utilidade, tais como satélites desativados ou fragmentos de foguetes.

As maiores agências espaciais do mundo, como a Nasa, dos Estados Unidos, monitoram o lixo espacial de grandes dimensões. O Brasil possui um telescópio no Observatório do Pico dos Dias, em Brazópolis (MG), que monitora de 500 a 800 rejeitos por noite.

Ainda não foi produzido um equipamento capaz de recolher o lixo espacial. Portanto, uma das soluções possíveis para esse problema seria direcionar o satélite ou outro objeto espacial para fora da órbita terrestre quando seu tempo de atividade chegasse ao fim.

1 Em grupos, realizem uma pesquisa sobre o Programa Espacial Brasileiro. Descubram quais e quantos satélites o Brasil já produziu em parceria com outros países. Escolham um dos satélites e descrevam sua função, indicando seu período de atividade. Visitem o *site* da Agência Espacial Brasileira (AEB). Disponível em: <http://www.aeb.gov.br/programa-espacial-brasileiro/satelites>. Acesso em: 1º mar. 2019.

2 Observe a charge abaixo e converse com os colegas e o professor sobre os pontos a seguir.

Homem linha, de Fabiano dos Santos.

- Qual é o risco de deixar satélites desativados e fragmentos de foguetes ou outros objetos espaciais no espaço?
- É possível realizar a tarefa do astronauta ilustrado na charge?

2 O SISTEMA SOLAR

Além do Sol, que é uma estrela, o Sistema Solar é composto de: planetas; planetas-anões; satélites; e corpos celestes menores, que são asteroides, cometas, meteoros, entre outros.

Os planetas

Os planetas do Sistema Solar são divididos em dois grupos: os **planetas rochosos** e os **planetas gasosos**.

EXPLORE O INFOGRÁFICO DA PÁGINA +.

Planetas rochosos

Mercúrio, Vênus, Terra e Marte são planetas sólidos formados principalmente por rochas. São os menores planetas do Sistema Solar e ficam mais próximos do Sol; por isso, recebem maior quantidade de luz e calor.

Planetas gasosos

Júpiter, Saturno, Urano e Netuno são planetas formados predominantemente por gases. São os maiores planetas do Sistema Solar e ficam mais distantes do Sol, recebendo, por isso, menor quantidade de luz e calor.

Elementos em distâncias não reais entre si.

Elementos não proporcionais entre si.

- Mercúrio
- Vênus
- Terra
- Marte

Mercúrio: 3drenderings/Shutterstock;
Vênus: Magellan Image/JPL/NASA;
Terra: Reto Stöckli, Nazmi El Saleou e Marit Jentoft-Nilsen/GSFC/Nasa;
Marte: Tristan3D/Shutterstock;
Júpiter: MarcelClemens/Shutterstock;
Saturno: MarcelClemens/Shutterstock/;
Urano: MarcelClemens/Shutterstock;
Netuno: MarcelClemens/Shutterstock.

Saiba mais

Plutão, um planeta-anão

[...] Mercúrio, Vênus, Terra, Marte, Júpiter, Saturno, Urano e Netuno. Falta algo nessa lista? Pois saiba que a União Astronômica Internacional decidiu que Plutão não é mais um planeta, e, sim, um planeta-anão. [...] para ser um planeta, é necessário ter uma forma aproximadamente redonda, girar em torno de uma estrela e ser o astro dominante em sua órbita, ou seja, influenciar na trajetória dos corpos celestes próximos a ele, desviando asteroides, por exemplo.

● Fotografia de Plutão, obtida por meio de telescópio em espaçonave.

Plutão não atende a esse último requisito, por ter uma órbita muito próxima à de Netuno, que é muito maior que ele. Assim sendo, é Netuno quem acaba influenciando a trajetória dos corpos celestes mais próximos, fazendo com que Plutão não possa ser considerado um planeta, mas um planeta-anão. [...]

Plutão, um planeta-anão, de Mariana Benjamim. **Ciência Hoje das Crianças**. Disponível em: <http://chc.org.br/plutao-um-planeta-anao>. Acesso em: 28 fev. 2019.

● Júpiter   ● Saturno   ● Urano   ● Netuno

Satélites

Satélites naturais são astros que não têm luz própria e giram em torno de um planeta. A Lua é o satélite natural da Terra e sua luz nada mais é do que o reflexo da luz do Sol.

- Lua, satélite natural da Terra.

Saiba mais

Asteroide, cometa ou meteoro?

Conheça alguns corpos celestes menores que também fazem parte do Sistema Solar.

Asteroides

Os asteroides são corpos rochosos e metálicos que possuem órbita definida ao redor do Sol [...].

Normalmente, os asteroides ficam [...] concentrados entre as órbitas de Marte e Júpiter. Essa região é conhecida como Cinturão de Asteroides. [...]

Cometas

Cometa é um corpo menor, do Sistema Solar, que quando se aproxima do Sol passa a exibir uma atmosfera difusa, denominada coma, e em alguns casos apresenta também uma cauda [...].

Um dos cometas mais famosos é o Halley. [...] Aproximadamente a cada 76 anos, o cometa Halley orbita em torno do Sol. Sua próxima aparição está prevista para 29 de julho de 2061.

Astronomia – Asteroides e Cometas. **Secretaria da Educação do Paraná**. Disponível em: <http://www.ciencias.seed.pr.gov.br/modules/conteudo/conteudo.php?conteudo=263>. Acesso em: 28 fev. 2019.

Meteoros

Meteoro, chamado popularmente de estrela cadente, designa-se o fenômeno luminoso observado quando da passagem de um **meteoroide** pela atmosfera terrestre. [...]

meteoroide: fragmentos menores que os asteroides que vagueiam no espaço.

Astronomia – Meteoro e Meteorito. **Secretaria da Educação do Paraná**. Disponível em: <http://www.ciencias.seed.pr.gov.br/modules/conteudo/conteudo.php?conteudo=262>. Acesso em: 28 fev. 2019.

Atividades

1 Observe o esquema que representa alguns astros do Sistema Solar e parte das órbitas dos planetas. Depois, responda às questões a seguir.

a) Entre quais planetas está localizado o conjunto de asteroides conhecido como cinturão de asteroides?

b) Quais planetas recebem luz e calor solares com mais intensidade?

c) Quais são os planetas mais distantes do Sol? E como são classificados?

2 Qual astro do Sistema Solar era considerado um planeta, mas foi reclassificado como planeta-anão? Qual característica fez com que ele fosse reclassificado? Se necessário, faça uma pesquisa.

3 O PLANETA TERRA E SEUS MOVIMENTOS

A Terra é o terceiro planeta do Sistema Solar, considerando a distância em relação ao Sol, e tem cerca de 4,6 bilhões de anos. Sua forma aproximada é de uma esfera e ela realiza basicamente dois movimentos no espaço. Em um desses movimentos, a Terra gira em torno de si mesma.

Veja o que Ana fez para demonstrar a seu irmão esse movimento:

Um dia, logo às 8 horas da manhã, ela colocou uma garrafa de plástico no quintal de sua casa, em um lugar em que bate sol durante todo o dia.

Com um pedaço de giz, marcou o contorno da sombra da garrafa no chão.

Ana repetiu o procedimento em outros horários. Ela marcou o contorno da sombra da garrafa no chão às 10 horas da manhã, ao meio-dia e às 2 horas da tarde.

Agora, veja o que Ana mostrou a seu irmão. O que você conclui após observar os contornos das sombras?

Ana demonstrou ao irmão o movimento de rotação da Terra, em que ela gira em torno do próprio eixo (veja na página seguinte).

Movimento de rotação

No **movimento de rotação**, a Terra gira em torno de um eixo imaginário como se fosse um pião. Para dar uma volta completa, ela leva cerca de 24 horas, ou seja, um dia.

O movimento de rotação determina os dias e as noites em nosso planeta. Na parte do planeta que recebe a luz do Sol é dia; na parte que fica sem iluminação é noite. Observe o esquema ao lado.

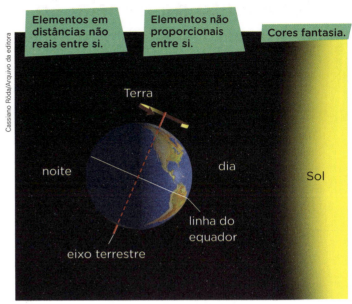

● Posição da Terra em relação ao Sol e indicação do sentido de rotação da Terra.

O movimento aparente do Sol

Se prestarmos atenção na posição do Sol em diferentes horas de um mesmo dia, teremos a impressão de que é ele que se move. Chamamos isso de **movimento aparente do Sol**.

Esse movimento, no entanto, é apenas aparente, ou seja, não corresponde à realidade, já que o Sol não se movimenta em torno da Terra. Mas, em razão do movimento de rotação da Terra, o Sol aparece de manhã em uma direção no horizonte e, ao entardecer, desaparece no lado oposto, dando-nos a impressão de que se moveu pelo céu.

Observando esse movimento aparente do Sol, é possível nos orientarmos na Terra. Observe a figura:

EXPLORE O INFOGRÁFICO DA PÁGINA +.

● O braço direito do menino aponta a direção em que o Sol aparece de manhã: o leste (L); o braço que aponta para o lado oposto, ou seja, o esquerdo, indica o oeste (O); à frente do menino está o norte (N) e atrás dele está o sul (S).

Movimento de translação

Além de girar em torno de si mesma, a Terra gira ao redor do Sol: é o **movimento de translação**.

Nesse movimento, o planeta descreve uma trajetória praticamente circular. Para dar uma volta completa em torno do Sol, a Terra leva cerca de 365 dias, ou seja, um ano.

A Terra gira inclinada em relação ao plano de sua órbita. Por isso nosso planeta não recebe a luz e o calor do Sol de maneira uniforme (ou por igual). Ora é o **hemisfério** norte que recebe os raios solares mais diretamente, ora é o hemisfério sul.

A inclinação da Terra em relação ao plano de sua órbita e o movimento de translação dão origem às estações do ano: primavera, verão, outono e inverno.

hemisfério: metade.

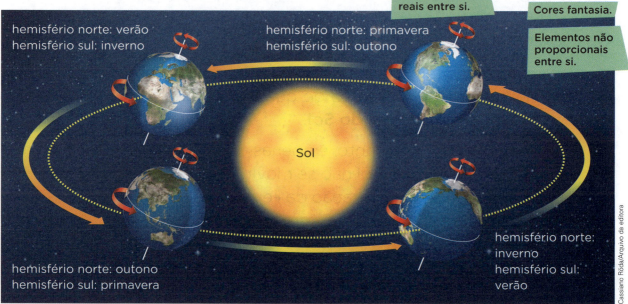

Esquema representando quatro posições da Terra em sua órbita durante o movimento de translação.

Saiba mais

Você já ouviu falar em ano bissexto?

Nos anos bissextos, o calendário passa a ter também o dia 29 de fevereiro e, então, o ano fica com 366 dias. Isso ocorre porque o período de translação da Terra é de aproximadamente 365 dias e 6 horas. Assim, para ajustar o calendário, essas 6 horas vão se acumulando e, a cada quatro anos, quando o total acumulado chega a 24 horas, um dia é adicionado ao ano.

Atividades

1 Leia o texto a seguir e depois responda às questões.

> **As estações do ano**
>
> O fenômeno das estações ocorre graças à inclinação da Terra em relação ao plano de sua órbita e ao movimento de translação. Quando no hemisfério norte os raios do Sol chegam mais diretamente e o tempo fica mais quente, é verão. Enquanto isso, é inverno no hemisfério sul, ou seja, ele recebe os raios solares mais inclinadamente e o tempo fica mais frio. Conforme a Terra vai mudando de lugar em relação ao Sol, inverte-se a situação.

- Qual é o movimento da Terra responsável pelo fenômeno descrito acima?

....

- Quando é primavera no hemisfério norte, qual é a estação no hemisfério sul?

....

2 Como você já sabe, o tempo gasto pela Terra para dar uma volta completa em torno do Sol é de cerca de 365 dias e 6 horas. Usualmente, esse tempo é representado por um ano, ou seja, 365 dias.

- O que acontece com as 6 horas que "sobram" todos os anos?

....

....

....

3 Vamos observar as imagens de alguns astros captadas por telescópios? Faça a atividade **1** da página **3**, do **Caderno de criatividade e alegria**.

Solstício e equinócio

Considerando que noite seja o período do dia em que não recebemos luz solar e dia o período em que o Sol está aparente, podemos dizer que a duração das noites e dos dias não é a mesma durante todo o ano. Há um período em que os dias são mais longos e as noites mais curtas, e outro em que as noites são mais longas e os dias mais curtos.

O dia mais longo do ano se chama solstício de verão, e a noite mais longa do ano, solstício de inverno. Entenda o porquê.

Solstício de verão

O fato de a Terra girar de forma inclinada faz com que, em determinada época do ano, a luz solar incida com maior intensidade sobre o hemisfério sul (onde fica o Brasil) e, na outra parte do ano, incida com maior intensidade sobre o hemisfério norte, caracterizando o **solstício**.

O dia 22 de dezembro é o mais longo do ano para nós que estamos no hemisfério sul e, consequentemente, a noite mais curta, o que marca o início do verão. Assim, chamamos o fenômeno de **solstício de verão**.

Solstício de inverno

O dia 22 de junho tem a noite mais longa e o dia mais curto do ano para o hemisfério sul, o que marca o início do inverno. A esse fenômeno, damos o nome de **solstício de inverno**.

No hemisfério norte também ocorrem os solstícios, mas exatamente ao contrário: quando é verão aqui, é inverno lá.

Equinócio

Em dois dias do ano, a luz solar incide de maneira igual sobre os dois hemisférios (sul e norte). Por isso, a noite e o dia têm a mesma duração – fenômeno que chamamos de **equinócio**.

Esses dias marcam o início de outras estações do ano. No caso do hemisfério sul, 23 de setembro representa o **equinócio de primavera** e 21 de março representa o **equinócio de outono**.

Em muitos locais do Brasil não é possível distinguir claramente as quatro estações do ano, pois as características de cada estação, por vezes, não são tão evidentes. Em algumas regiões percebe-se apenas um período do ano mais chuvoso e outro mais seco.

● **Verão** na cidade de Curitiba (PR), em 21 de dezembro de 2018.

● **Inverno** na cidade de Curitiba (PR), em 2 de agosto de 2016.

● **Primavera** na cidade de Curitiba (PR), em 1 de novembro de 2018.

● **Outono** na cidade de Curitiba (PR), em 30 de março de 2015.

Saiba mais

Eclipse

Quando um astro fica entre o Sol e outro corpo celeste, este corpo celeste é ocultado, ou seja, fica encoberto na visão do observador. Este fenômeno é chamado de **eclipse**.

Aqui da Terra podemos observar dois tipos de eclipse: o lunar e o solar.

O **eclipse lunar** ocorre quando a Terra fica entre a Lua e o Sol, e aqui da Terra podemos ver a Lua encoberta pela sombra terrestre nela projetada.

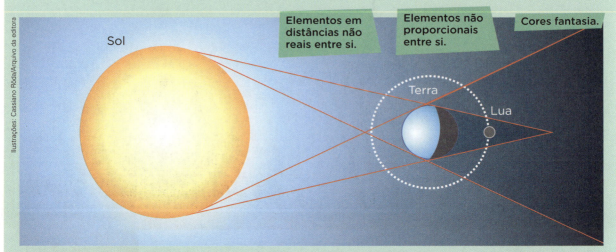

- Na imagem, as linhas vermelhas representam a luz solar. Durante o eclipse lunar, a sombra da Terra é projetada sobre a Lua, encobrindo-a.

Já o **eclipse solar** ocorre quando a Lua fica alinhada entre a Terra e o Sol. Aqui da Terra podemos ver o Sol encoberto pela Lua, cuja sombra é projetada na Terra.

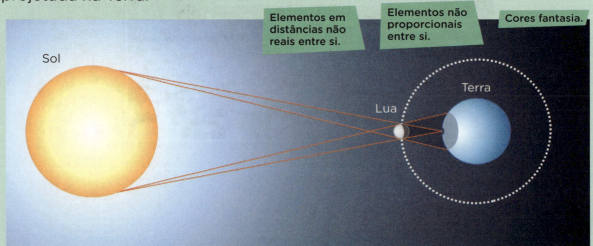

- Na imagem, as linhas vermelhas representam a luz solar. Durante o eclipse solar, a sombra da Lua é projetada sobre parte da Terra.

Atividades

1 Observe as imagens abaixo.

● Praia de Boa Viagem, em Recife (PE), no Brasil, em janeiro de 2019.

● Vale de Yumthang, na Índia, em janeiro de 2019.

- De acordo com as imagens, complete:

  a) Se no Brasil a estação do ano for ...., ao mesmo tempo, na Índia a estação será ....

  b) O movimento de .... da Terra é que proporciona a mudança das estações do ano.

  c) Quando acontece o solstício de inverno no hemisfério norte, significa o início do .... no hemisfério sul.

2 Converse com os colegas e o professor sobre: O que podemos fazer para economizar energia elétrica tanto no verão quanto no inverno? Depois, em um cartaz coletivo, listem cada item e, se possível, ilustrem. Afixem o cartaz no mural da sala de aula.

A Lua ao redor da Terra

Construir modelos pode ser uma forma prática e divertida de aprender e visualizar o que acontece na natureza. Vamos montar um modelo para simular o movimento da Lua ao redor da Terra?

Material:

- 2 (duas) bolas de isopor: 1 (uma) grande e 1 (uma) pequena
- 1 (um) caderno ou livro
- 1 (uma) lanterna
- 2 (dois) pregos
- 1 (um) quadrado de isopor com 15 cm de lado
- 1 (um) retângulo de isopor com 30 cm de comprimento e 5 cm de largura

Procedimentos:

Atenção: faça com a ajuda de um adulto. Não brinque com os pregos.

1 Coloque a ponta do retângulo de isopor no centro do quadrado de isopor.

2 Com a ajuda de um adulto, fixe a bola maior nessa ponta do retângulo e no quadrado, utilizando um prego.

3 Na outra ponta do retângulo, prenda a bola menor, utilizando o segundo prego.

4 O retângulo deve poder se mover sobre o quadrado, no sentido anti-horário.

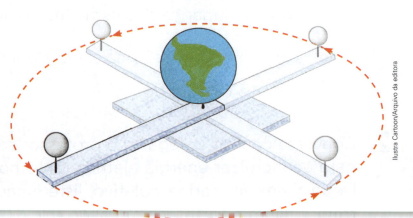

Observação

Agora, vamos entender como funcionam as fases da Lua e os eclipses?

Fases da Lua

1 Apague a luz da sala. Ilumine o modelo com a lanterna.

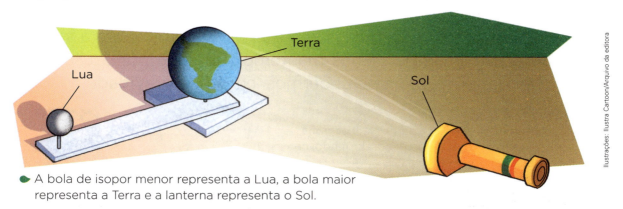

- A bola de isopor menor representa a Lua, a bola maior representa a Terra e a lanterna representa o Sol.

2 Gire o retângulo no sentido anti-horário e veja o que acontece.

Eclipses

1 Coloque o modelo sobre um caderno ou livro e incline-o.

2 Simule um eclipse solar: posicione a Lua de forma que, quando a luz da lanterna a atingir, ela faça uma sombra na Terra.

3 Simule um eclipse lunar: gire novamente o sistema e posicione a Lua de forma que ela fique completamente na sombra da Terra.

A crosta terrestre

No início, a Terra era formada por material derretido, como se fosse um líquido viscoso e muito quente. Com o tempo, a temperatura do planeta diminuiu e houve o resfriamento desse material, ocasionando a formação de rochas.

A camada rochosa que forma a superfície sólida da Terra é chamada **crosta terrestre**. Nós e os outros seres vivos vivemos sobre a superfície externa dessa camada e só nos mantemos no chão por causa de uma força que nos segura, sem percebermos, chamada **gravidade**.

● Crosta: superfície sólida da Terra. Na fotografia, vista panorâmica a partir da Pedra do Tendó, na serra do Teixeira, em Teixeira (PB), 2017.

Os cientistas e os mineradores descobriram que a temperatura da crosta terrestre aumenta de acordo com a profundidade, ou seja, quanto mais próximo ao núcleo, mais quente. Atualmente não é possível chegar ao manto nem ao núcleo da Terra, pois, além da distância, a temperatura e a pressão ficam muito altas.

Sobre a crosta, temos a **hidrosfera**, que é formada pelas águas dos mares, dos oceanos, dos rios e dos lagos e, ainda, pela água na forma de vapor. A maior parte da crosta terrestre está coberta de água. Existe, também, muita água sob o solo.

● Hidrosfera: camada de água que cobre a crosta terrestre. Na fotografia, vista da foz do rio São Francisco, em Piaçabuçu (AL), 2018.

O manto

Embaixo da crosta está o **manto**. A temperatura do manto é muito mais alta do que a da crosta.

O material existente no manto, formado em sua maioria por rochas derretidas e gases, é chamado de **magma**. Em razão das altas temperaturas, o magma escorre vagarosamente, como se fosse um fluido (líquido) muito viscoso. Algumas porções de magma presentes na parte mais externa do manto podem atingir a superfície da Terra por meio de rachaduras ou aberturas na crosta, como ocorrem nos **vulcões**. Esse material que chega à superfície é chamado de **lava**.

O núcleo

O núcleo fica no centro da Terra. Ele é composto principalmente de ferro e níquel. Na parte mais externa, o núcleo é fluido; na parte mais interna, é sólido. No núcleo, as temperaturas são as mais altas da Terra, ou seja, ele é a parte mais quente do planeta.

Muitas pessoas pensam que os vulcões são formados no núcleo da Terra, mas, na realidade, a maior parte deles surge na crosta, quando os materiais fundidos que se localizam cerca de 40 km abaixo da superfície se chocam e o magma escapa.

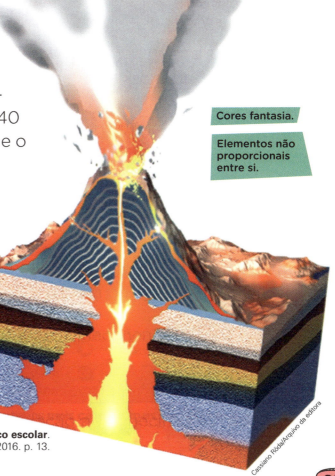

Cores fantasia.

Elementos não proporcionais entre si.

Esquema simplificado.

Vulcão é uma abertura na crosta terrestre que permite a saída do magma e de seus gases à superfície. Ao lado, parte da crosta terrestre em corte, mostrando o interior de um vulcão.

Elaborado com base em: **Atlas geográfico escolar**. Rio de Janeiro: IBGE, 2016. p. 13.

Transformações na crosta terrestre

A crosta terrestre não é estável, ou seja, nela acontecem pequenas movimentações, por menos perceptíveis que sejam na maioria das vezes. A crosta pode ser comparada a uma fina "casca" partida em pedaços que flutuam no manto, os quais chamamos de **placas tectônicas**. Ao se movimentarem, essas placas podem colidir, afastar-se ou deslizar uma ao lado da outra, causando fenômenos naturais como terremotos, *tsunamis* e vulcões, que podem alterar a superfície terrestre.

Observe abaixo o mapa com as placas tectônicas que atualmente formam a crosta da Terra, o sentido de seus movimentos e alguns vulcões que ocorrem em regiões próximas da divisão das placas.

Placas tectônicas e vulcões

1. Placa Sul-Americana
2. Placa de Nazca
3. Placa do Caribe
4. Placa Norte-Americana
5. Placa Africana
6. Placa Arábica
7. Placa Euro-Asiática
8. Placa Indo-Australiana
9. Placa Antártica
10. Placa das Filipinas
11. Placa do Pacífico

- ➡ choque de placas
- ➡ separação de placas
- ➡ deslocamento lateral
- ● vulcões

Elaborado com base em: IBGE. **Atlas geográfico escolar**. Disponível em: <https://atlasescolar.ibge.gov.br/a-terra/formacao-dos-continentes>. Acesso em: 24 maio 2019.

Saiba mais

O chão não para quieto

Há mais de 200 milhões de anos, as terras emersas do planeta eram uma coisa só – um blocaço de terra chamado Pangeia, onde não se conheciam fronteiras marítimas. A América do Sul ficava encostada na África. Ao pé das duas, estava grudada a Antártida, que por sua vez fazia fronteira com a Austrália e esta, com o subcontinente indiano. Ao norte, América do Norte, Europa e Ásia se uniam.

Elaborado com base em: **Atlas geográfico escolar**. Rio de Janeiro: IBGE, 2016. p. 12.

● Há cerca de 230 milhões de anos, os continentes formavam um único bloco chamado Pangeia.

A configuração atual do planeta, com vários continentes, começou a surgir há uns 100 milhões de anos e só foi possível porque a crosta (camada mais superficial e sólida do planeta) está permanentemente flutuando [...].

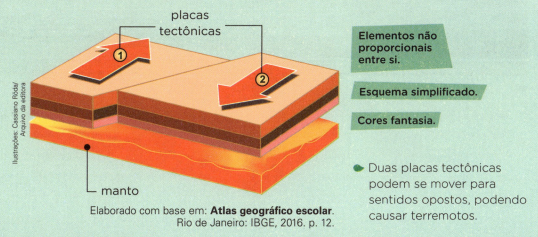

Elaborado com base em: **Atlas geográfico escolar**. Rio de Janeiro: IBGE, 2016. p. 12.

● Duas placas tectônicas podem se mover para sentidos opostos, podendo causar terremotos.

Algumas regiões do planeta estão mais sujeitas a sofrer esses eventos [terremotos], por estarem localizadas perto das bordas, em áreas de colisão entre duas placas, como a Califórnia, nos EUA, ou o Japão e a Indonésia. O Brasil tem a sorte de cair inteiro sobre uma só.

[...]

O chão não para quieto, de Giovana Girardi. **Revista Superinteressante: 30 ideias que iluminaram a ciência**. São Paulo: Abril, ed. 245A, p. 10, nov. 2007. Disponível em: <https://super.abril.com.br/historia/o-chao-nao-para-quieto>. Acesso em: 27 fev. 2019.

Saiba mais

O que é um *tsunami*?

Tsunamis são ondas gigantes provocadas por abalos sísmicos ou terremotos, que podem percorrer quilômetros e alcançar dezenas de metros de altura. Veja no texto a seguir se há chance de uma dessas ondas enormes atingir o Brasil.

● *Tsunami* que atingiu a costa leste do Japão em 2011.

[...] No Brasil, as chances de um *tsunami* ocorrer são praticamente inexistentes, conforme explica Wilson Teixeira, professor do Instituto de Geociências da Universidade de São Paulo (USP). "O país fica no interior de uma placa tectônica bem antiga. Todos os registros de tremor ou movimento das bordas das placas que chegam ao nosso continente são muito fracos, o que elimina o risco. E, além disso, o oceano Atlântico não tem registros de terremotos da mesma magnitude que o [oceano] Índico", afirma o geólogo, que foi o responsável pela criação de um ambiente simulador de *tsunami* no museu Estação Ciência de São Paulo.

[...] "Por ano, as placas do oceano Atlântico sofrem uma separação de 2 centímetros, enquanto naquelas regiões [oceano Índico] são 8 centímetros. Por isso, não há chance de eventos agressivos aqui", diz. [...]

O que é um tsunami? Um deles pode atingir o Brasil?, de Renata Costa. **Nova Escola**. Disponível em: <https://novaescola.org.br/conteudo/2303/o-que-e-um-tsunami-um-deles-pode-atingir-o-brasil>. Acesso em: 27 fev. 2019.

Atividades

1 Responda:

a) Quais são as camadas que formam a estrutura da Terra?

b) Como se chama o conjunto das águas da Terra formado pelos oceanos, mares, rios e lagos?

c) Quais são os elementos que formam a parte sólida da Terra?

2 Complete as frases com as palavras do quadro.

| rochas | água | crosta terrestre |

a) No planeta Terra, encontramos o solo e as .... que formam a ....

b) A maior parte da crosta terrestre é coberta por ....

3 Como os cientistas conseguem estudar o interior da Terra?

4 De qual camada da Terra vem o material que é expelido pelos vulcões?

5 Que tal fazer uma simulação para ver como os continentes se separaram? Faça a atividade **2** da página **5**, do **Caderno de criatividade e alegria**.

VOCÊ EM AÇÃO

Construindo um vulcão

Os vulcões não surgem do dia para a noite. Sempre que acontece uma erupção, lava e cinzas se acumulam ao redor da cratera (abertura) formando camadas. Após várias erupções, o vulcão apresenta formato típico cônico.

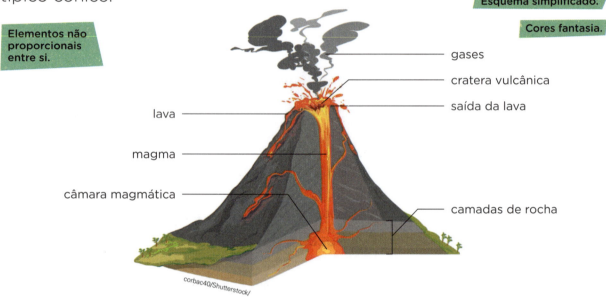

Esquema simplificado. Cores fantasia.

Elementos não proporcionais entre si.

Elaborado com base em: **Atlas geográfico escolar**. Rio de Janeiro: IBGE, 2016. p. 13.

Nesta atividade vamos simular um vulcão em erupção.

Material:

- 1 base: pode ser um prato grande, compensado de madeira ou bandeja plástica de laboratório
- 1 colher
- 1 copo ou outro recipiente qualquer
- 1 garrafa de plástico (500 mL)
- areia ou argila
- bicarbonato de sódio
- corante vermelho para alimentos ou tinta guache vermelha
- vinagre

Procedimentos:

1. Peça a um adulto que remova a parte do gargalo da garrafa de plástico, de modo a formar um recipiente.

2. Posicione-o no centro da base, com a boca da garrafa para cima, e preencha-o com o bicarbonato de sódio.

3. Utilizando a argila ou a areia, modele o corpo do vulcão ao redor dessa parte da garrafa; tome cuidado para manter a abertura da garrafa livre.

4. Para simular a lava do vulcão, misture o corante e o vinagre no copo.

5. Despeje o vinagre colorido na abertura do vulcão.

Observação e conclusão

Converse com os colegas e o professor sobre:

- O que você acha que vai acontecer?
- Durante a simulação, você escutou algum barulho?
- A "lava do vulcão" estava quente?
- Cite diferenças entre essa erupção e uma erupção real.
- Pesquise em livros ou na internet informações sobre os vulcões e suas erupções, troque ideias com os seus colegas e, usando o que aprendeu nas aulas, monte um pequeno texto explicando como um vulcão adquire sua forma.

4 A LUA E SEUS MOVIMENTOS

Observe a imagem e responda: o que fez as maçãs caírem da árvore?

● Uma das histórias sobre Newton conta que a queda de uma maçã teria desencadeado os estudos sobre gravitação publicados pelo cientista.

Durante seus estudos, o cientista inglês Isaac Newton começou a pensar que talvez houvesse a mesma explicação tanto para o fato de os objetos caírem sempre em direção ao chão como para o fato de a Lua girar em torno da Terra sem cair sobre ela.

Ao cair da árvore, as maçãs vão diretamente para o solo por causa da força de atração que a Terra exerce sobre todos os corpos. Essa força é chamada de **força gravitacional** ou **força da gravidade**.

O ar atmosférico mantém-se em volta da Terra em razão da força gravitacional. Essa força também mantém a Lua em órbita ao redor da Terra, como mostra a imagem ao lado.

Na Lua, a força gravitacional também existe, só que é cerca de seis vezes menor que na Terra. Assim, os astronautas têm um pouco de dificuldade de caminhar sobre o solo lunar: eles quase "flutuam"!

● A Lua se mantém em órbita ao redor da Terra graças à força gravitacional que a Terra exerce sobre ela.

Os corpos celestes estão sujeitos à força da gravidade porque as massas se atraem. Isso explica o fato de os planetas do Sistema Solar girarem ao redor do Sol: sua força de atração é imensa! A explicação é a mesma para o fato de a Lua girar ao redor da Terra sem ficar "perdida no espaço".

Saiba mais

Como a Lua influencia as marés?

Na verdade, a Lua não produz esse efeito sozinha. Os movimentos de subida e descida do nível do mar – as chamadas marés – também sofrem influência do Sol, dependendo da intensidade da força de atração dele e da Lua sobre o nosso planeta. Assim como a Terra atrai a Lua, fazendo-a girar ao seu redor, a Lua também atrai a Terra, só que de um jeito mais sutil. O puxão gravitacional de nosso satélite tem pouco efeito sobre os continentes, que são sólidos, mas afeta consideravelmente a superfície dos oceanos devido à fluidez, com grande liberdade de movimento, da água. A cada dia, a influência lunar provoca correntes marítimas que geram duas marés altas (quando o oceano está de frente para a Lua e em oposição a ela) e duas baixas (nos intervalos entre as altas). O Sol, mesmo estando 390 vezes mais distante da Terra que a Lua, também influi no comportamento das marés – embora a atração solar corresponda a apenas 46% da lunar.

[...]

Como as fases da Lua influenciam as marés? **Mundo Estranho**. Disponível em: <https://super.abril.com.br/mundo-estranho/como-as-fases-da-lua-influenciam-as-mares>. Acesso em: 1º mar. 2019.

As fases da Lua

As fases da Lua são determinadas pelas porções da face iluminada da Lua visíveis da Terra. Como a Lua é um corpo iluminado pelo Sol, diferentes porções são iluminadas a cada dia. As principais fases são: **nova**, **crescente**, **cheia** e **minguante**. A passagem da Lua pelas 4 principais fases, denominada **ciclo lunar**, dura cerca de 29 dias.

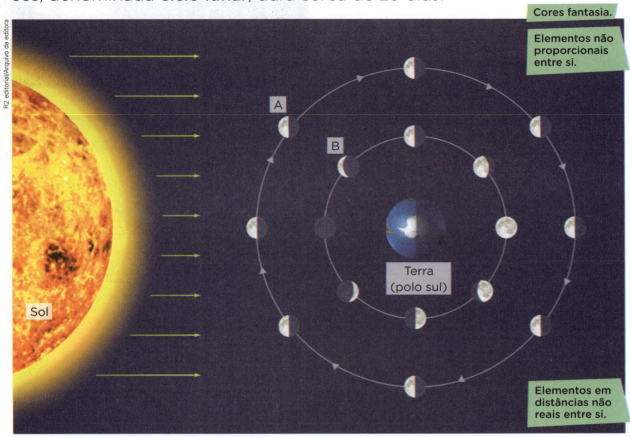

● Representação da Lua em sua órbita (A). O seu lado iluminado é sempre o que está voltado para o Sol. Representação das fases da Lua vistas a partir do polo sul da Terra (B).

● **Lua nova**: ocorre quando a face visível da Lua não está iluminada pelo Sol.

● **Lua crescente**: ocorre após a fase da lua nova. Nesta fase, porções cada vez maiores da Lua passam a ser iluminadas pelo Sol.

● **Lua cheia**: ocorre quando toda a face visível da Lua está iluminada pelo Sol.

● **Lua minguante**: ocorre após a fase da lua cheia. Nesta fase, porções cada vez menores da Lua continuam a ser iluminadas pelo Sol.

Calendário lunar

A partir da observação do ciclo da Lua, foram criados os calendários lunares. Neles os dias são numerados considerando o ciclo de fases da Lua.

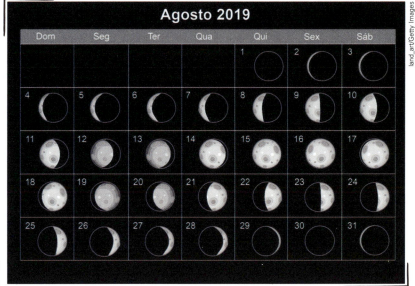

● Calendário lunar do mês de agosto de 2019.

Saiba mais

Calendário

[...] O calendário que utilizamos hoje está baseado no calendário romano introduzido por Rômulo, fundador de Roma, por volta de 750 a.C. [...]

Trata-se de um calendário solar e apenas algumas festas religiosas são definidas com base na Lua. Calendários com base na Lua ainda são usados por alguns povos, como os judeus e mulçumanos, por exemplo. [...]

Embora não tenha sido adotado imediatamente em muitos países, o Calendário Gregoriano pode ser hoje considerado universal. É utilizado no mundo todo, mesmo por aqueles povos que por razões culturais/religiosas ainda utilizam paralelamente outro calendário.

A evolução do calendário e o fato de os povos tomarem a Lua ou o Sol ou ambos como base na construção de seus calendários faz com que, por exemplo, o ano tenha início em momentos distintos para esses povos. [...].

O momento a partir do qual se começa a contar os anos (Era) resulta também de uma convenção e em geral está associado a eventos religiosos. Nascimento de Jesus Cristo no caso do Calendário Gregoriano (Calendário Cristão), criação do mundo (3761 a.C.) no Calendário Judaico, Hégira, saída de Maomé de Meca para Medina (622 d.C.), no Calendário Mulçumano, etc.

Calendário. **Observatório Abrahão de Moraes**. Disponível em: <http://www.observatorio.iag.usp.br/index.php/mppesq/geofi/81-calen.html>. Acesso em: 1º mar. 2019.

Atividades

1 Por que a Terra gira em torno do Sol e a Lua gira em torno da Terra?

2 Acompanhado de um adulto, observe a Lua durante um mês. Em uma folha avulsa, anote as condições do céu (com nuvens, sem nuvens, etc.) e o nome das fases da Lua. No calendário a seguir, escreva o nome do mês de observação e desenhe o aspecto da Lua em cada um dos dias do mês.

Mês analisado:				1	2	3
4	5	6	7	8	9	10
11	12	13	14	15	16	17
18	19	20	21	22	23	24
25	26	27	28	29	30	31

3 Você consegue organizar as fases da Lua em um mês? Descubra na atividade 3 da página 9, do **Caderno de criatividade e alegria**.

5 A CAMADA DE OZÔNIO E O EFEITO ESTUFA

Como vimos anteriormente, o planeta Terra está envolto em uma camada de ar, que forma a **atmosfera**. Ela é composta de gases e, assim como a crosta terrestre, tem várias camadas.

Entre esses gases, está o ozônio. O ozônio é um gás que está presente em toda a atmosfera, mas se concentra na **estratosfera**, formando a **camada de ozônio**. Se não fosse a camada de ozônio, a temperatura na Terra seria tão elevada que pouquíssimos seres vivos sobreviveriam. Essa camada pode ser comparada a um escudo que bloqueia a maior parte dos raios ultravioleta vindos do Sol, funcionando como um filtro solar.

estratosfera: camada da atmosfera que contém ozônio, um gás que absorve os raios ultravioleta do Sol.

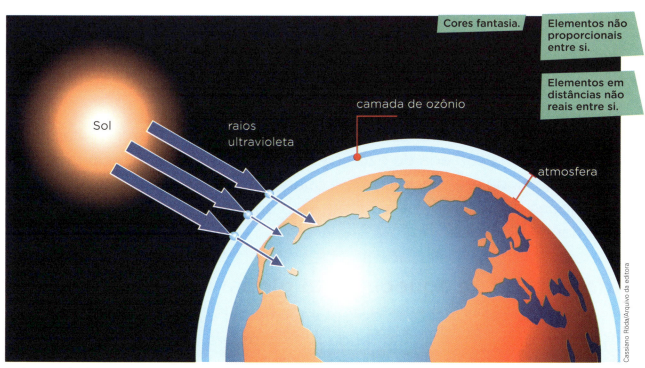

● A camada de ozônio bloqueia parte dos raios ultravioleta do Sol.

Alguns gases, como o clorofluorcarbono (**CFC**), usado em equipamentos de resfriamento (geladeira, ar-condicionado), e o brometo de metila, usado como agrotóxico, são os principais causadores da diminuição do ozônio na estratosfera.

CFC: composto que antigamente era usado em aerossóis e em gases para refrigeração, com efeito nocivo à camada de ozônio.

O buraco na camada de ozônio

O Sol é uma fonte de calor essencial à vida. Ele emite raios ultravioleta chamados UV-A e UV-B.

Os raios UV-A são os principais responsáveis pelo envelhecimento da pele. Já a exposição prolongada aos raios UV-B está associada a doenças como câncer de pele, a problemas na visão e a prejuízos à vida de microrganismos, plantas e peixes.

Com o passar dos anos, os cientistas observaram que a camada de ozônio começou a diminuir lentamente, o que aumentou a passagem dos raios UV-B.

Atualmente o polo sul, na Antártida, é o local que mais sofre com a radiação solar, por causa do "buraco" que se abriu na camada de ozônio. Isso vem provocando o descongelamento das geleiras e prejudicando os seres vivos que habitam aquela região.

O que está sendo feito para a resolução desse problema?

Em 1987, foi firmado o **Protocolo de Montreal**, pelo qual vários países, entre eles o Brasil, se comprometeram a acabar com o uso do CFC.

Entre 1986 e 2008, a produção mundial de CFC caiu 99,7%. A partir de 1º de janeiro de 2010, essa produção foi proibida, mas o processo de recuperação da camada de ozônio é lento e, mesmo em 2018, o tamanho do buraco ainda era próximo ao de quando atingiu seu tamanho máximo: 23 milhões de quilômetros quadrados, o que equivale a quase três vezes o tamanho do Brasil.

Efeito estufa e aquecimento global

Parte do calor recebido do Sol é refletida pela Terra de volta para o espaço, e parte do calor fica retida na troposfera. O fenômeno de retenção do calor que mantém a temperatura do planeta adequada para a existência da vida é chamado **efeito estufa**.

No entanto, nas últimas décadas, a temperatura global tem aumentado a cada ano, o que caracteriza o **aquecimento global**, que ocorre devido à intensificação do efeito estufa.

> **troposfera:** camada da atmosfera mais próxima da Terra. É na troposfera que ocorrem as condições climáticas.

Essa intensificação é consequência do aumento da retenção de calor na atmosfera, uma vez que os raios não conseguem ultrapassar a barreira de gases poluentes. Observe na ilustração a seguir como isso acontece.

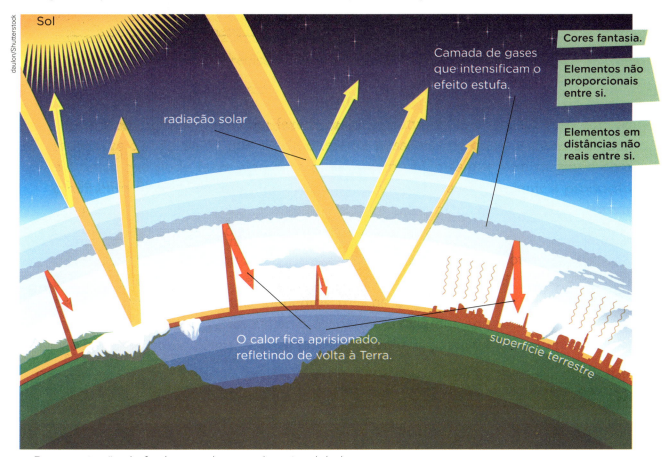

● Representação do fenômeno do aquecimento global.

Gases que intensificam o efeito estufa

Os principais gases responsáveis pelo efeito estufa são o gás carbônico e o metano (liberado, por exemplo, na digestão de bovinos). Os países com maior número de indústrias costumam ser os que mais colaboram com o aquecimento global. São eles: Estados Unidos, Japão e alguns países da Europa.

Consequências do aquecimento global

Assim como o aquecimento, as consequências dele também são sentidas em nível global: longos períodos chuvosos ou de seca, destruição de áreas de vegetação; migração incomum de animais; escassez de comida; extinção de várias espécies animais e vegetais; derretimento das geleiras da Antártida, o que pode levar ao aumento do nível da água dos oceanos e, consequentemente, à inundação de áreas litorâneas.

Atividades

1 Por que a camada de ozônio é importante para a sobrevivência dos seres vivos? Cite um exemplo de dano ambiental que ocorreria se essa camada fosse reduzida ainda mais ou até deixasse de existir.

- Se um ser humano ficar exposto aos raios UV-A e UV-B sem nenhum tipo de proteção e por um longo período (anos), quais efeitos ele pode sofrer?

2 Qual é a função do efeito estufa na natureza? E quando ele se torna um problema? Justifique utilizando exemplos.

- Quais são os principais causadores da intensificação do efeito estufa e, consequentemente, do aquecimento global? E o que pode ser feito para evitar esse processo?

3 Observe as cenas abaixo e faça o que se pede.

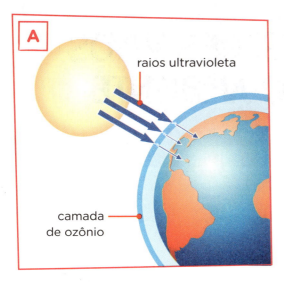
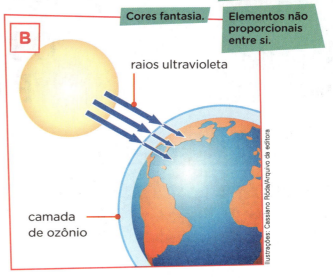

Elementos em distâncias não reais entre si.
Cores fantasia.
Elementos não proporcionais entre si.

a) As figuras referem-se a qual problema ambiental?

_____
_____

b) Descreva o que cada figura está representando.

_____
_____
_____
_____

4 Em grupos, façam uma pesquisa sobre o aquecimento global. Vocês podem usar os pontos a seguir para guiar a pesquisa.

- O que tem sido feito para reduzir o aquecimento global?
- O que é o Protocolo de Kyoto?
- Quais são as perspectivas em relação ao aquecimento global para os próximos anos?

UNIDADE 2

OS SERES VIVOS E O AMBIENTE

Entre nesta roda

- Quais recursos naturais você consegue observar na cena retratada? De que forma a água está sendo utilizada?
- Cite dois recursos encontrados na natureza que podem ser necessários para as árvores e as pessoas que aparecem na cena.
- Onde há água representada na cena? Qual é a importância da água para os seres e para o ambiente?

Nesta Unidade vamos estudar...

- Diversidade dos seres vivos
- Plantas
- Animais
- Fluxo de energia na natureza
- Cadeia alimentar

6 A DIVERSIDADE DOS SERES VIVOS

Você já parou para pensar na enorme variedade de seres vivos que há na Terra?

De tempos em tempos, os cientistas descobrem novos seres vivos e, certamente, ainda há muitos que não são conhecidos por nós.

Os seres vivos surgiram há milhões de anos, provavelmente na água. Um longo e lento processo de evolução deu origem à grande diversidade de seres vivos existentes hoje na Terra.

Observe a imagem.

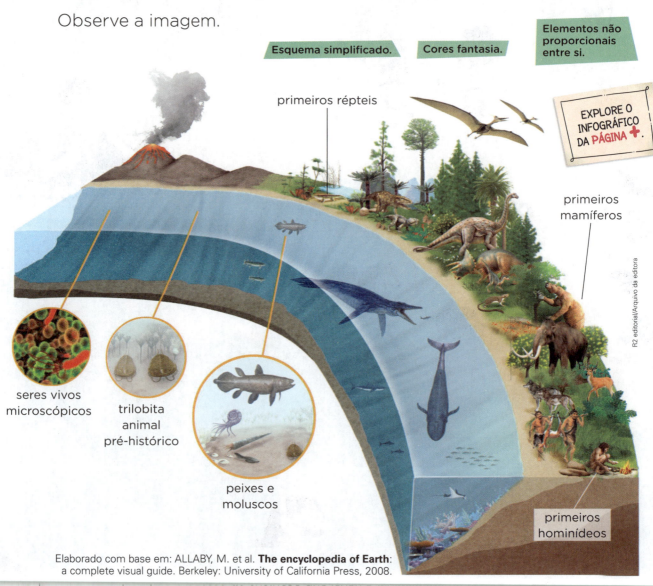

Elaborado com base em: ALLABY, M. et al. **The encyclopedia of Earth**: a complete visual guide. Berkeley: University of California Press, 2008.

- Esquema mostrando o processo de evolução que levou à diversidade de espécies atuais.

Atividades

1 Assinale a afirmativa correta e reescreva a errada.

☐ É bem provável que a vida tenha surgido na água.

☐ O primeiro ser vivo a surgir na Terra foi o ser humano.

_____

_____

2 Faça um desenho com o tema abaixo.

> Uma variedade de seres vivos habita a região em que eu moro.

- Em uma folha avulsa, escreva o nome dos seres vivos que você desenhou. Em seguida, compartilhe com os colegas e veja os seres vivos que habitam a região na qual eles moram.

7 AS PLANTAS

Na Terra, há uma grande variedade de plantas. E elas podem viver em ambientes bastante diferentes. Observe:

- Cacto mandacaru em ambiente árido, em Custódia (PE), 2017.

- Vegetação da Mata Atlântica na costa brasileira, 2015.

- Vitória-régia, uma planta aquática, em Poconé (MT), 2017.

Como você já estudou, para que possam crescer e se desenvolver, as plantas necessitam de água, luz solar, gás oxigênio e gás carbônico, além de nutrientes, como os sais minerais. Tudo isso é obtido do meio ambiente.

As plantas terrestres e o solo estão intimamente ligados. O solo dá fixação às plantas. Estas, por sua vez, protegem o solo contra a ação erosiva do vento e da água das chuvas.

Quando se pretende fazer o cultivo de determinado vegetal, é necessário atentar às necessidades dele e tomar algumas medidas, como:

- fertilizar o solo com **adubos orgânicos** ou químicos, que são misturados à terra;

- irrigar o solo, caso ele seja muito seco;

- drenar o solo, se ele tiver água em excesso;

- arar o solo, isto é, mexê-lo, deixando-o mais solto, para que as sementes possam receber gás oxigênio.

adubos orgânicos: fertilizantes feitos de restos de alimentos, folhas secas, partes de vegetais mortos e serragem.

Atividades

1 Quais são os elementos essenciais para que uma planta possa se desenvolver de forma saudável?

....

....

2 Converse com o professor e os colegas sobre a irrigação e a drenagem e escreva abaixo o que são e qual é a importância de cada uma delas para o solo e para a vegetação.

....

....

....

....

3 Assinale com um **X** as opções corretas.

a) O solo apropriado para o cultivo de um vegetal deve ser:

☐ seco.   ☐ fértil.   ☐ alagadiço.

b) Para que as sementes recebam o gás oxigênio, o solo deve ser:

☐ arado.   ☐ irrigado.   ☐ drenado.

c) O solo seco precisa ser:

☐ drenado.   ☐ adubado.   ☐ irrigado.

d) O solo alagadiço precisa ser:

☐ arado.   ☐ drenado.   ☐ irrigado.

4 Você sabe qual é a diferença entre adubos orgânicos e adubos químicos? Pesquise e conte aos colegas.

As partes das plantas

A maioria das plantas é formada por raiz, caule, folhas, flores e frutos.

A raiz, o caule e as folhas são conhecidos como **órgãos de nutrição**. As flores são os **órgãos de reprodução**. Os frutos guardam as sementes, que vão dar origem a novas plantas.

- Raiz.
- Caule.
- Folhas.
- Frutos.
- Flores.

Veja a seguir os principais órgãos de uma planta e suas respectivas funções.

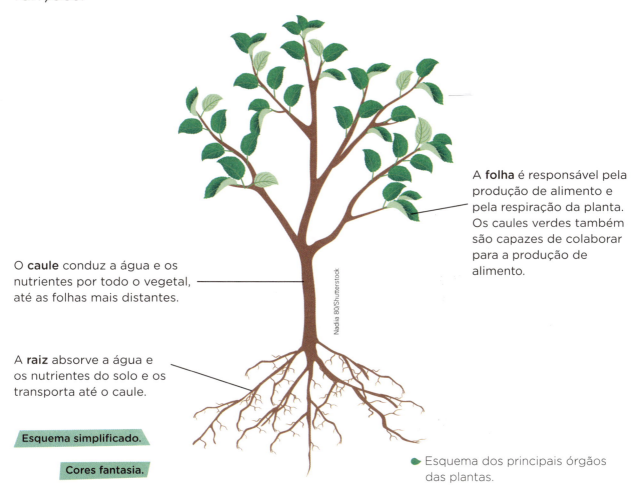

O **caule** conduz a água e os nutrientes por todo o vegetal, até as folhas mais distantes.

A **folha** é responsável pela produção de alimento e pela respiração da planta. Os caules verdes também são capazes de colaborar para a produção de alimento.

A **raiz** absorve a água e os nutrientes do solo e os transporta até o caule.

Esquema simplificado.

Cores fantasia.

● Esquema dos principais órgãos das plantas.

Uma folha completa tem três partes: a bainha, o pecíolo e o limbo. Observe a imagem abaixo.

● Partes da folha.

No limbo, encontram-se as nervuras, que são pequenos canais condutores de nutrientes.

Fotossíntese

É por meio da fotossíntese que as plantas fabricam o próprio alimento.

Para isso, elas utilizam água e nutrientes do solo, gás carbônico do ar e energia solar. A clorofila é uma substância de cor verde existente nas folhas e em alguns caules e ramos mais novos. Esse pigmento capta a energia do Sol, o que possibilita que a planta produza seu alimento.

Ao realizar a fotossíntese, a planta consome gás carbônico e elimina gás oxigênio. Esse processo acontece somente na presença de luz.

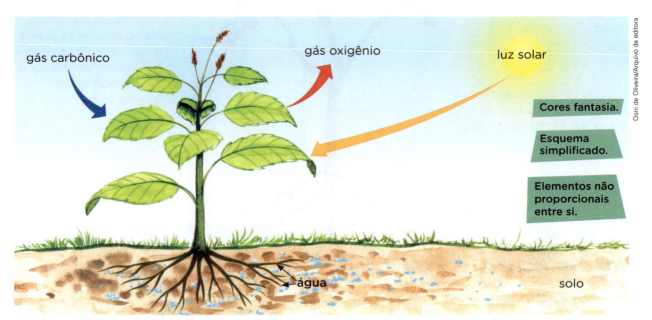

- Esquema representando o processo da fotossíntese.

Saiba mais

História das plantas

[...]

Durante os períodos Ordoviciano [a partir de 470 milhões de anos atrás] e Siluriano (que veio a seguir), a atmosfera da Terra era cheia de gás carbônico, substância usada pelas plantas para fazer fotossíntese e, assim, conseguir energia. Os níveis desse gás na atmosfera da época eram cerca de 15 vezes maiores do que os atuais, e a abundância desse gás possibilitou que as plantas sobrevivessem e se multiplicassem, o que deu origem às primeiras florestas no final do período Devoniano, entre 390 e 360 milhões de anos atrás. [...]

História das plantas, de Camille Dornelles. **Ciência Hoje das Crianças**. Disponível em: <http://chc.org.br/historia-das-plantas>. Acesso em: 25 abr. 2019.

Respiração

As plantas, assim como os animais, incluindo o ser humano, respiram dia e noite sem parar.

Como você viu, durante a fotossíntese as plantas absorvem gás carbônico e eliminam gás oxigênio. Na respiração, o processo é contrário: as plantas absorvem gás oxigênio e eliminam gás carbônico.

Na presença de luz, o gás carbônico produzido pela planta durante a respiração é utilizado na fotossíntese. Na ausência de luz, como não há fotossíntese, o gás carbônico produzido pela planta é eliminado para o ambiente.

Repare que a respiração é um processo contínuo, que nunca para, independentemente de haver ou não luz solar.

- Esquema representando as trocas gasosas na respiração.

Transpiração

Além de respirar dia e noite, as plantas também transpiram, ou seja, perdem água em forma de vapor.

A transpiração é realizada principalmente pelas folhas, por meio dos **estômatos**, minúsculas aberturas presentes na superfície da folha.

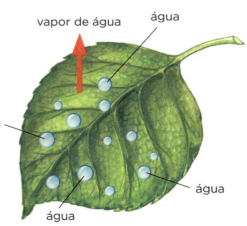

- Estômatos vistos ao microscópio (ampliados cerca de 160 vezes).

Cores fantasia.

Esquema simplificado.

Elementos não proporcionais entre si.

Atividades

1 Complete a cruzadinha.

1. Conduz água e nutrientes por todo o vegetal.
2. Dão origem aos frutos.
3. Guardam as sementes.
4. Absorve a água do solo.
5. Realizam fotossíntese, respiração e transpiração.

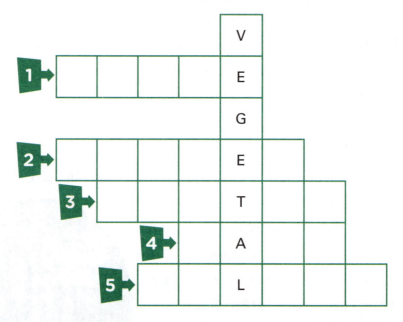

2 O que é clorofila? Em quais órgãos das plantas ela costuma ser encontrada e qual é a importância desse componente?

....

....

....

3 Descreva os processos de respiração e transpiração realizados pelas plantas.

4 Leia o texto a seguir.

Fruta, verdura ou legume?

[...] Os botânicos (especialistas em vegetais) dividem as plantas em diferentes órgãos: raiz, caule, folhas, flores, frutos e sementes. Porém, popularmente, essas partes das plantas podem receber outros nomes, como fruta, legume, verdura, tempero ou grão. E vem daí a confusão!

[...] Por exemplo: o chuchu, a abóbora, a vagem, o pepino, o pimentão, o quiabo e o tomate são popularmente chamados de legumes, mas, na botânica, eles são classificados como frutos.

É fruto ou não é?

Sempre que você ficar na dúvida sobre se um legume é ou não fruto, peça a ajuda de um adulto para abri-lo. Se tiver sementes, é um fruto. Afinal, em muitos grupos de plantas, é nesse órgão que as sementes ocorrem. [...]

Caules e raízes

Também conhecidos popularmente como legumes, a batata-inglesa, o alho, a cebola e o inhame são classificados pelos botânicos como caules. Você já reparou que, às vezes, daquele alho ou cebola esquecidos no canto da cozinha começam a brotar folhinhas? [...]

O aipim, a cenoura e a beterraba, por sua vez, são exemplos de legumes classificados como raízes [...].

Verdes delícias

Já as verduras são plantas herbáceas consumidas, usualmente, sem cozimento. Nessas espécies, em geral comemos as folhas: alface, couve, agrião. Elas podem ter diferentes formas e cores, mas geralmente são achatadas e verdes – características importantes para a realização da fotossíntese. [...]

De grão em grão...

Por fim, o que conhecemos como grãos são os frutos de plantas da família das gramíneas, como o arroz, o trigo e o milho. Também chamamos de grãos as sementes de certas plantas da família das leguminosas, como é o caso do feijão, da ervilha, da soja e do amendoim. [...]

Fruta, verdura ou legume, de Marcelo G. Santos e Thiago S. M. Merhy. **Ciência Hoje das Crianças**. Disponível em: <http://chc.org.br/fruta-verdura-ou-legume>. Acesso em: 17 mar. 2019.

- Faça uma lista de compras com alimentos vegetais que contenha: 2 raízes, 3 frutos, 2 verduras, 1 caule e 2 grãos. Depois, compartilhe sua lista com os colegas.

A água na natureza

Na natureza acontece o ciclo da água. Para entender como esse ciclo ocorre, leia o texto e observe o esquema a seguir.

É só chegar um friozinho e pronto!

Uma gota escapa da nuvem.

Outra gota vem atrás. Em seguida, mais uma...

... e milhares de outras: chove.

[...]

Durante a noite, o ar esfriou

e a água evaporou.

Com o calor do Sol,

voltou a ser líquida.

Ela se condensou.

Na montanha a história é outra,

faz mais e mais frio.

Tão frio que uma gota vira floco de neve estrelado [...].

O ciclo da água

6 Nas partes mais altas dos continentes e nas regiões das geleiras a água encontra-se congelada, ou seja, em estado sólido. Durante o degelo, a água sofre fusão, passando para o estado líquido, e pode retornar à atmosfera caso evapore.

5 As plantas também absorvem parte dessa água, que depois retorna à atmosfera por meio da transpiração (evaporação), dando continuidade ao ciclo hidrológico.

4 A chuva alimenta rios e lagos e penetra no solo e nas rochas, formando as águas e os aquíferos subterrâneos.

É como lá em casa quando fazemos gelo:

a água se torna sólida.

[...]

Sobre os solos mais bem irrigados brotam as mais belas florestas.

Como nós, as plantas precisam de água,

e, como nós, elas transpiram.

Assim, elas preenchem o ar com vapor d'água

que sobe ao céu

e se junta às nuvens.

[...]

Uma nuvem flutuando no céu encontra

O ar frio, o ar quente,

De novo o ar frio ...

As gotículas se agitam,

se juntam, ficam pesadas.

E eis que... tudo recomeça: uma gota escapa...

Deságua! O ciclo da água, de Christelle Huet-Gomez. São Paulo: Cosac Naify, 2013.

O ciclo da água nas cidades

Você sabe o que acontece com o ciclo da água quando um ambiente é alterado? Veja um exemplo do que ocorre em áreas onde a vegetação é retirada para a construção de ruas, casas e edifícios.

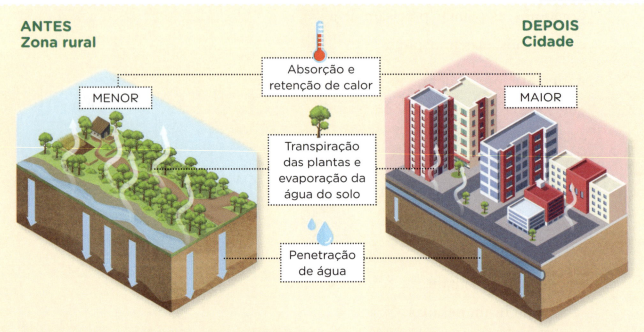

Nas cidades, a água não consegue penetrar no solo, pois ele se encontra impermeabilizado pelo asfalto e pelas edificações. A água da chuva se acumula com muito mais facilidade e pode causar enchentes.

Áreas com cobertura vegetal ajudam a sombrear o solo e a regular a temperatura do solo e do ar. Nas cidades, porém, materiais como concreto, asfalto, vidro e metais absorvem e armazenam maior quantidade de calor.

As plantas absorvem água do solo e, por meio da transpiração, tornam o ar mais úmido. A liberação de água na atmosfera também contribui para a dissipação do calor. Nas cidades, porém, a taxa de transpiração é muito baixa devido à ausência ou à baixa concentração de árvores, o que deixa o ar mais seco e as temperaturas mais altas.

● O comparativo entre os esquemas da esquerda e da direita mostra que, em áreas menos urbanizadas, uma maior quantidade de água é absorvida pelo solo, os índices de transpiração são maiores por causa da maior quantidade de plantas e a retenção de calor na superfície é menor.

Quando uma área modificada pelo ser humano apresenta temperatura maior do que a de seu entorno, que está menos alterado e tem mais vegetação preservada, dizemos que ocorreu a formação de uma **ilha de calor**.

Para conter as ilhas de calor é importante ampliar áreas permeáveis com vegetação, recuperar lagos e nascentes, criar parques e áreas abertas que facilitem a circulação do ar e promover o plantio de árvores. Áreas com vegetação favorecem maior infiltração da água da chuva no solo e lançam uma quantidade maior de vapor de água na atmosfera, por causa da transpiração.

Tecnologia para... medir o índice de calor

A temperatura marcada pelos indicadores nas ruas considera somente a temperatura do ambiente. Além da temperatura do ar, outros fatores significativos interferem no conforto térmico do corpo humano, como a umidade relativa, o vento e a radiação solar.

Vamos usar um aplicativo para calcular o índice de calor e a sensação térmica do corpo. Com ajuda do professor, acesse o aplicativo **Índice de Calor**, disponível em <https://play.google.com/store/apps/details?id=indicedecalor.marciorr.com.indicedecalor> (acesso em: 16 maio 2019), e instale-o em um aparelho celular.

Para obter o índice de calor, você deve informar a temperatura do ar (em graus Celsius – °C) e a umidade relativa do ar. Para calcular a sensação térmica, ou seja, a temperatura sentida pelo corpo, você deve informar a temperatura do ar e a velocidade do vento. Em seguida, clique em "calcular" e observe o resultado.

Os dados solicitados podem ser obtidos em *sites* que disponibilizam informações sobre o clima da cidade em que você vive.

Você pode, ainda, fazer simulações considerando situações em que o ar está mais seco, mais úmido e com temperaturas mais altas, como ocorre nas ilhas de calor.

- Você já percebeu que, às vezes, parece que sentimos mais calor ou mais frio do que a temperatura informada pelos termômetros nas ruas?

Atividades

1 Como são chamadas as mudanças de estado físico da água descritas a seguir?

a) Ocorre quando a água de rios e oceanos passa do estado líquido para o gasoso. Essa mudança de estado também acontece na transpiração das plantas.

b) Ocorre quando há o derretimento do gelo presente no topo das montanhas e nas geleiras, quando a água passa do estado sólido para o estado líquido.

c) Acontece quando o vapor de água passa para o estado líquido, como na formação das nuvens.

2 Em janeiro de 2019, parte das quedas-d'água das Cataratas do Niágara, na fronteira entre os Estados Unidos e o Canadá, congelou por causa das baixas temperaturas. Observe a imagem ao lado.

● Queda-d'água das Cataratas do Niágara congelada em janeiro de 2019.

- Como é chamada a mudança de estado físico em que a água passa do estado líquido para o estado sólido?

3 Converse com os colegas e o professor sobre a importância da vegetação para o ciclo da água.

4 Observe a charge ao lado.

Com base na leitura da charge e considerando as informações obtidas ao longo desta Unidade, explique por que o personagem está sentindo tanto calor.

QUE CALOR... NÃO CONSIGO ENCONTRAR UMA SOMBRA!

Charge sobre desmatamento, floresta e calor, de Arionauro. Arionauro Cartuns. Disponível em: <http://www.arionaurocartuns.com.br/2018/05/charge-desmatamento-floresta-calor.html>. Acesso em: 26 abr. 2019.

_____
_____
_____
_____
_____

5 Assinale as medidas que contribuem para a diminuição da temperatura em uma cidade com grande urbanização.

☐ Canalização de rios e córregos.

☐ Impermeabilização de jardins.

☐ Recuperação e preservação de nascentes.

☐ Arborização de ruas.

6 As enchentes são formadas quando a vazão de água se torna maior do que a sua capacidade de escoamento e de penetração no solo, levando os rios ou córregos a transbordar e a invadir os ambientes no entorno de suas margens. Converse com os colegas e o professor e cite algumas interferências humanas que aumentam as chances de enchentes em cidades.

7 Como sabemos que as plantas respiram, transpiram ou fazem fotossíntese? Veja na atividade **4** da página **12** do **Caderno de criatividade e alegria**.

67

8 OS ANIMAIS

Como você já sabe, há uma grande diversidade de animais nos ambientes da Terra.

Os animais podem ser classificados com base em diferentes características, como o tipo de alimentação, a cobertura do corpo, o ambiente em que vivem. Além disso, eles também podem ser classificados em vertebrados ou invertebrados, com base na presença ou não de coluna vertebral.

Animais vertebrados

Os animais vertebrados possuem crânio, que protege o encéfalo, e coluna vertebral, um conjunto de estruturas chamadas vértebras que sustenta seu corpo.

Os vertebrados são classificados em cinco grandes grupos: peixes, anfíbios, répteis, aves e mamíferos.

Esqueleto de mamífero: iStockphoto/Getty Images; Esqueleto de peixe: bluehand/Depositphotos/Fotoarena; Esqueleto de ave: Natural History Museum, London/SPL/Fotoarena; Esqueleto de anfíbio: revers/Shutterstock; Esqueleto de réptil: Patrick Landmann/SPL/Fotoarena

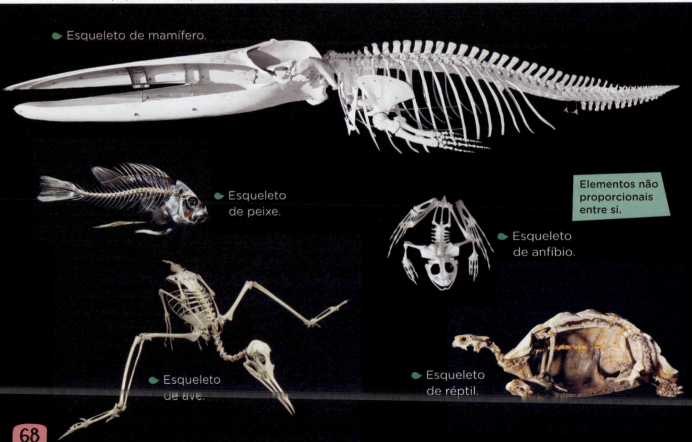

• Esqueleto de mamífero.
• Esqueleto de peixe.
• Esqueleto de anfíbio.
• Esqueleto de ave.
• Esqueleto de réptil.

Elementos não proporcionais entre si.

- **Peixes**: vivem em ambientes aquáticos. Em geral, nascem de ovos e têm o corpo coberto de escamas.

- Tubarão.
- Cavalo-marinho.
- Dourado.

- **Anfíbios**: Têm pele úmida e, quando filhotes, vivem somente na água. Na fase adulta, podem viver na água e na terra. Geralmente, nascem de ovos que se desenvolvem fora do corpo da fêmea.

- Sapo-cururu.
- Perereca.
- Salamandra.

- **Répteis**: a maioria nasce de ovos que se desenvolvem fora do corpo da fêmea. Os répteis têm a pele seca e o corpo coberto por escamas ou placas ósseas.

- Tartaruga-de-pente.
- Cascavel.
- Jacaré.

- **Aves**: nascem de ovos com casca, desenvolvidos fora do corpo da fêmea. As aves têm o corpo coberto de penas.

● Galinha.

● Pombo.

- **Mamíferos**: são os animais que mamam quando filhotes. Durante a gravidez, as fêmeas de mamíferos começam a produzir leite para a amamentação dos filhotes. A maioria dos mamíferos tem o corpo coberto por pelos, com exceção das baleias e dos golfinhos.

● Vaca e bezerro.

● Mulher e bebê.

Animais invertebrados

Os animais invertebrados não possuem coluna vertebral. Eles representam a maioria das espécies conhecidas até o momento. Por isso, os animais invertebrados são divididos em vários outros grupos menores, o que facilita a classificação e o estudo das espécies.

Conheça a seguir alguns desses grupos.

- **Poríferos**: são um grupo de animais bastante primitivos. São exclusivamente aquáticos, ou seja, todas as espécies vivem somente na água. Vivem fixos em estruturas submersas, ou seja, não se movimentam, e por isso podem ser confundidos como elementos não vivos do ambiente.

▲ As esponjas-do-mar são exemplos de animais poríferos.

- **Cnidários**: a maioria vive em ambiente aquático marinho e tem uma estrutura que produz uma substância urticante. A água-viva e a anêmona fazem parte desse grupo.

● É importante nunca tocar em uma água-viva, pois a substância urticante que ela produz pode causar ferimentos graves.

● O peixe-palhaço tem resistência à substância urticante que as anêmonas produzem.

- **Anelídeos e vermes**: têm o corpo mole e respiram através da pele. Muitos vivem no solo, como a minhoca. Existem vermes que vivem dentro do corpo de outros seres vivos, como a lombriga e a tênia.

● Minhocas.

● Tênia.

Saiba mais

Combate à poluição marinha

Muitas tartarugas marinhas morrem por causa da ingestão de sacolas plásticas. Elas confundem as sacolas com águas-vivas, que fazem parte de sua alimentação, e acabam ingerindo esse material. Como o plástico não é digerido, ele se acumula no estômago do animal, causando sua morte.

● A redução do consumo de plástico e a destinação correta dos resíduos são ações importantes no combate à poluição marinha.

- **Moluscos**: têm o corpo mole e respiram por meio de brânquias ou pulmões. Podem ser marinhos, terrestres ou de água doce. Alguns exemplos são o caracol, a lesma e o polvo. Seu corpo é constituído de três partes: cabeça, pé e massa visceral. Muitos moluscos têm ainda uma concha calcária protetora, embora algumas espécies, como as lesmas e os polvos, não a possuam.

- Caracol.

- Polvo.

- **Artrópodes**: têm membros rígidos e vários pares de pernas. São exemplos de artrópodes: insetos, crustáceos e aracnídeos.

- Os siris são crustáceos, assim como os caranguejos e as lagostas.

- Os aracnídeos, como os escorpiões e as aranhas, são artrópodes.

- As esperanças são insetos parecidos com gafanhotos.

- Os piolhos-de-cobra são insetos.

Atividades

1 Qual é a estrutura corporal presente nos animais vertebrados que os diferencia dos invertebrados?

....

2 Complete as frases.

a) Animais como o grilo, a aranha e o caranguejo fazem parte do grupo de invertebrados chamado ....

b) Os .... são invertebrados que respiram através da pele. Alguns podem viver na água, mas muitos, como a minhoca, vivem em ambientes terrestres.

c) Algumas espécies de .... têm o corpo protegido por uma concha calcária. Lulas e lesmas são exemplos de animais que fazem parte desse grupo, apesar de não terem concha.

d) Os .... produzem uma substância urticante que pode causar ferimentos graves quando os tocamos.

e) As esponjas-do-mar pertencem ao grupo dos ...., invertebrados aquáticos que vivem fixos em estruturas submersas.

3 Escolha dois grupos de animais vertebrados. Complete o quadro a seguir com o nome dos grupos escolhidos e de dois animais de cada um desses grupos que você conhece ou gostaria de conhecer.

Grupo de vertebrados	Nome dos animais

A reprodução dos animais

Veja a seguir como ocorre a reprodução nos principais grupos de animais vertebrados.

Reprodução dos peixes

Os peixes dependem do meio aquático para se reproduzir e viver. Em relação à reprodução, os peixes podem ser classificados em:

- **ovíparos**: formam filhotes dentro dos ovos, fora do corpo da mãe;
- **vivíparos**: formam filhotes dentro do corpo da mãe;
- **ovovivíparos**: formam filhotes dentro de ovos que ficam no interior do corpo da mãe.

Algumas espécies de peixes cuidam dos ovos e dos filhotes até que sejam independentes, garantindo assim a sobrevivência deles. Outras espécies, como o dourado, não apresentam esse comportamento. Porém, essas espécies desovam muito mais ovos (milhões) para garantir que uma quantidade de filhotes chegue à fase adulta.

● O tubarão-tigre é um peixe vivíparo.

● O dourado é um peixe ovíparo.

Estratégias de reprodução são necessárias, pois a taxa de mortalidade dos peixes é muito alta por causa do grande número de predadores naturais.

Atualmente, a pesca predatória ameaça muitas espécies, que não conseguem se reproduzir e recuperar suas populações na mesma rapidez com que são capturadas.

● Barco de pesca arrastando redes nas águas do mar Frísio, ao norte da Alemanha e da Holanda.

Reprodução dos anfíbios

Os anfíbios podem ter reprodução ovípara, vivípara ou ovovivípara, dependendo da espécie. Além disso, após o nascimento, passam por uma fase larval.

As estratégias reprodutivas dos anfíbios ovíparos são muito variadas e mudam de um grupo para outro. Alguns colocam os ovos na margem de rios, outros fazem ninhos, e há, ainda, espécies que depositam seus ovos em folhas de plantas. Para todos, a umidade é um fator importante para o desenvolvimento dos ovos.

● Ovos de anfíbio na água.

● Alguns anfíbios fazem ninhos para colocar seus ovos.

● Ovos de anfíbios em uma folha.

Reprodução dos répteis

A maioria dos répteis se reproduz de forma ovípara. Somente algumas espécies apresentam reprodução vivípara ou ovovivípara.

Ao contrário dos peixes e dos anfíbios, o desenvolvimento dos ovos dos répteis não depende da água. Seus ovos têm uma casca protetora que impede o ressecamento, além de um reservatório de água.

● Nascimento de filhotes da cobra do milho.

Muitos répteis cuidam dos ovos e dos filhotes, como os jacarés. Já as tartarugas não apresentam esse comportamento. Elas fazem ninhos em praias, botam os ovos e vão embora, retornando somente para botar novos ovos.

● A desova das tartarugas ocorre nos períodos mais quentes do ano. A fêmea cava um buraco na areia, onde deposita, em média, 120 ovos.

Reprodução das aves

As aves são ovíparas e seus ovos precisam ser chocados até o nascimento dos filhotes, ou seja, precisam que um dos pais os mantenha aquecidos. É por isso que vemos galinhas sentadas em cima de seus ovos.

Nem sempre é a fêmea que choca os ovos. Em algumas aves, esse cuidado é realizado pelos machos. É assim com os pinguins-imperadores.

● Depois de botar os ovos, as pinguins fêmeas partem em busca de alimento enquanto os machos chocam os ovos e cuidam dos filhotes.

Reprodução dos mamíferos

A maioria dos mamíferos é vivípara, com exceção de poucas espécies ovíparas, como o ornitorrinco.

Em muitos dos mamíferos vivíparos o desenvolvimento acontece dentro da placenta, que fornece alimento e oxigênio até o nascimento do filhote. Mamíferos como gatos, cachorros e seres humanos, cujos filhotes se desenvolvem dessa maneira, são chamados **placentários**.

● O ornitorrinco é um dos poucos mamíferos que bota ovos. É um animal encontrado apenas na Austrália e na Tasmânia.

O tempo de gestação dos mamíferos placentários pode variar muito. Por exemplo, a gestação de um rato leva em torno de 20 dias e a de um elefante chega a 22 meses.

● Após a gestação, de cerca de 60 dias, os filhotes de cães nascem e são amamentados por, aproximadamente, 45 dias.

Atividades

1 Complete as lacunas do texto.

Peixes, ... e répteis podem se reproduzir de forma ...., ... ou ...., dependendo da espécie.

As .... se reproduzem apenas de forma ....

A maioria dos .... se reproduz de forma vivípara, embora poucas espécies, como o ornitorrinco, botem ovos.

2 Explique com suas palavras por que as estratégias reprodutivas são importantes para os animais.

....
....
....

3 Seguindo as orientações do professor, reúna-se com os colegas e, juntos, preparem uma apresentação com um resumo sobre a reprodução dos animais vertebrados.

4 Observe a fotografia da garça-branca-grande (*Ardea alba*). Faça uma pesquisa sobre os cuidados com os ovos e com a alimentação dos filhotes. Depois, apresente o resultado de sua pesquisa aos colegas.

● Ninho de garça-branca-grande com três filhotes.

Animais ameaçados

Muitas espécies têm sua sobrevivência ameaçada por ações do ser humano. Leia o texto a seguir sobre uma ameaça atual aos animais silvestres.

O aquecimento global, a Amazônia e os... lagartos???

Aquecimento global. Você pode não saber exatamente o que significa, mas já ouviu essa expressão, não é mesmo? Pois então: a temperatura da Terra está aumentando nos últimos anos, especialmente em razão das atividades humanas, que resultam em poluição. [...] Muitos animais sofrem com essas mudanças climáticas, incluindo os lagartos!

[...]

Por que a preocupação com os lagartos?

Os lagartos fazem parte do grupo dos répteis, animais que dependem da temperatura do ambiente em que vivem para regular a temperatura do seu próprio corpo. [...]

Nas horas mais quentes do dia, os lagartos procuram um abrigo para fugir do calorão. E enquanto se abrigam, eles não podem procurar alimentos nem se reproduzir.

Por outro lado, com os lagartos escondidos, muitos animais que se alimentam deles acabam ficando sem ter o que comer. [...]

Em resumo: escondido, o lagarto não se alimenta, não deixa filhotes, nem serve de alimento a outras espécies. É um problema grave e... em consequência do aumento da temperatura ambiental!

[...]

Todo mundo em risco

Os seres humanos também fazem parte da natureza e, claro, sofrerão com as mudanças climáticas. O que há de diferente nesse caso é que a espécie humana é a única que pode fazer algo para reduzir os problemas que vêm surgindo com o aumento da temperatura global. A principal medida seria diminuir a produção dos gases que alteram a composição da nossa atmosfera, fazendo a Terra se tornar cada vez mais quente. Como isso é possível? Vejamos...

Usar menos o carro ou moto e andar mais a pé, de bicicleta ou em transporte público (que leva muita gente de uma só vez). Evitar produzir muito lixo, por exemplo, consumindo mais alimentos frescos e menos comida industrializada. Jogar o lixo no lugar certo. Evitar o desperdício de água, apagar as luzes quando não há ninguém no cômodo, além de dar preferência a objetos que são recicláveis.

O aquecimento global, a Amazônia e os... lagartos???, de Luisa Diele-Viegas e Carlos Frederico Rocha. **Ciência Hoje das Crianças**. Disponível em: <http://chc.org.br/artigo/o-aquecimento-global-a-amazonia-e-os-lagartos/>. Acesso em: 22 mar. 2019.

O texto destaca como as mudanças climáticas podem afetar os lagartos, porém elas ameaçam também a sobrevivência de outros seres vivos, como animais, vertebrados e invertebrados, e plantas.

Cores fantasia.

Elementos não proporcionais entre si.

Atividades

1 Os lagartos citados no texto fazem parte do grupo dos répteis. Escreva outros três animais que fazem parte desse grupo.

....

2 Explique com suas palavras:

a) por que o aquecimento global é uma ameaça aos lagartos.

....
....

b) o que o ser humano pode fazer para diminuir o aumento da temperatura e reduzir os problemas causados por ela.

....
....
....
....

3 Além do aquecimento global, que prejudica a sobrevivência dos lagartos, existem outros fenômenos e ações que têm ameaçado as espécies de seres vivos. Em grupo, pesquise projetos ou organizações que têm como objetivo recuperar populações de animais ameaçados de extinção. Faça uma apresentação para a sala que contenha os seguintes pontos:

- Como se chama o projeto ou organização escolhido?
- Qual é o nome e o *habitat* do animal ameaçado?
- Qual é a principal ameaça para essa espécie?
- O que tem sido feito para controlar a redução da população dessa espécie?

Os seres vivos e o fluxo de energia na natureza

Para se alimentar, os seres vivos dependem de elementos do ambiente e de outros seres vivos. É por meio da alimentação que plantas e animais obtêm a energia de que necessitam para viver.

Todos os seres vivos desempenham um papel no processo natural que mantém o fluxo de energia na natureza e podem ser classificados em três **níveis tróficos**:

Elementos não proporcionais entre si.

- **produtores**: são os seres vivos que produzem o próprio alimento por meio da fotossíntese. As plantas e as algas são os principais representantes desse nível. Os produtores servem de alimento para outros seres vivos.

● O repolho é classificado como um ser vivo produtor.

- **consumidores**: são os seres vivos que se alimentam de outros porque não produzem o próprio alimento. Nessa classificação estão todos os animais.

● O coelho é classificado como um consumidor primário, pois se alimenta de vegetais como o repolho.

● Águia-pescadora comendo um peixe. Ambos os animais são classificados como consumidores.

- **decompositores**: são os seres vivos que decompõem plantas e animais mortos para se alimentarem. As bactérias e alguns fungos desempenham essa função na natureza. Durante a decomposição, alguns compostos são transformados em nutrientes que ajudam a fertilizar o solo, contribuindo, assim, para o desenvolvimento dos vegetais.

● Frutas em processo de decomposição.

A cadeia alimentar

A sequência na qual um ser vivo serve de alimento para outro chama-se **cadeia alimentar**. Observe:

Cores fantasia. Elementos não proporcionais entre si.

- Esquema de cadeia alimentar. Nela o vegetal serve de alimento para o esquilo, este serve de alimento para a serpente, que, por sua vez, serve de alimento para o gavião. Todos os seres vivos são decompostos pelos organismos decompositores.

Na imagem, estão representados:

- o **produtor**: o vegetal, que produz seu alimento a partir dos nutrientes disponíveis na natureza;

- o **consumidor primário**: o esquilo, que come esse vegetal;

- o **consumidor secundário**: a serpente, que come o esquilo;

- o **consumidor terciário**: o gavião, que se alimenta da serpente;

- os **decompositores**: os fungos (e as bactérias microscópicas), que se alimentam dos restos desses vegetais e de animais mortos.

Na natureza, tudo se relaciona. Então, se um ser vivo desaparece do ambiente em que vive, ou seja, é extinto, pode ocorrer um desequilíbrio na cadeia alimentar desse ambiente, prejudicando a vida dos outros seres vivos que ali habitam.

Em todo meio natural há cadeias alimentares. Observe um exemplo de cadeia alimentar no oceano.

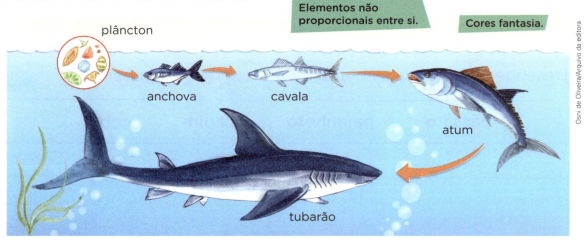

Elaborado com base em: **Um estranho regime: o que eles comem?**, de Emmanuel Trédez. Tradução de Adalberto Luís de Oliveira. São Paulo: Scipione, 2004. (Radar 48).

Os seres vivos precisam uns dos outros para sobreviver: herbívoros se alimentam das plantas e são devorados por carnívoros, que, por sua vez, também podem servir de alimento para outro carnívoro. E, quando morrem, todos passam pelo processo de decomposição realizado por bactérias e fungos.

Saiba mais

Desequilíbrio na natureza

O desequilíbrio nas cadeias alimentares pode ser causado por diferentes fatores e levar à extinção de plantas e animais, além de provocar transtornos para o ser humano. Leia a notícia.

A falta de predadores naturais é a principal causa apontada para o aparecimento, em grande quantidade, de grilos em um povoado na zona rural da cidade de Riachão do Jacuípe, no interior da Bahia [...]. E a explicação para isso vem [...] de um desequilíbrio na natureza, como a ampliação da área urbana, o que tira o *habitat* natural para a vida e reprodução desses predadores. A especialista explica que o hábito de moradores que matam espécies como sapos e lagartixas também pode aumentar o desequilíbrio. [...]

● Sapos e lagartixas são os predadores naturais dos grilos.

Falta de predadores naturais é causa de invasão de grilos em cidade na BA. **G1**. Disponível em: <http://g1.globo.com/bahia/noticia/2015/09/falta-de-predadores-naturais-e-causa-de-invasao-de-grilos-em-cidade-na-ba.html>. Acesso em: 24 abr. 2019.

Atividades

1 Desenhe uma cadeia alimentar com os seres vivos abaixo.

| pássaro | gafanhoto | capim | cobra |

a) Como você explicaria a sequência de seres vivos mostrada na cadeia alimentar que montou?

....
....
....
....

b) Está faltando um integrante fundamental nessa cadeia alimentar. Você sabe dizer qual é?

2 Complete as frases com o nome dos níveis tróficos e localize as palavras no diagrama.

a) As plantas produzem seu próprio alimento e por isso são classificadas como seres _____.

b) Todos os animais são _____. Eles se alimentam de plantas ou de outros seres vivos.

c) _____ são os seres responsáveis por decompor restos de plantas e animais mortos.

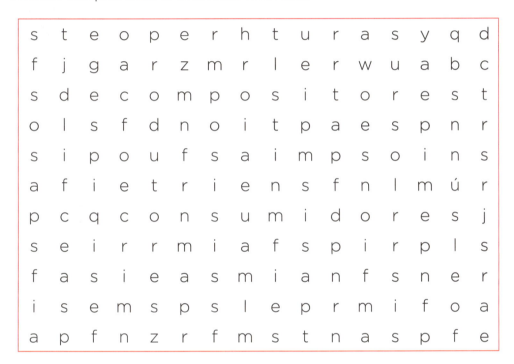

3 Preencha as lacunas na cadeia alimentar com o nível trófico de cada ser vivo.

| Planta | → | Borboleta | → | Sapo | → | Fungos e bactérias |

....

....

4 Teste seus conhecimentos sobre cadeias alimentares na atividade **5** da página **14** do **Caderno de criatividade e alegria**.

5 Pense em como se alimenta cada um dos seres vivos abaixo. Em seguida, classifique-os em produtores, consumidores ou decompositores, preenchendo o quadro.

Elementos não proporcionais entre si.

Cores fantasia.

• Cavalo.

• Ser humano.

• Cogumelo orelha-de-pau.

• Suçuarana.

• Ipê-roxo.

Produtores (vegetais)	Consumidores (animais)			Decompositores (bactérias e fungos)
	Comem vegetais (herbívoros)	Comem outros animais (carnívoros)	Comem vegetais e animais (onívoros)	

• Agora, complete as linhas em branco do quadro com outros exemplos de seres vivos que você conheça.

6 Leia o trecho da canção "Urubu tá com raiva do boi", do grupo musical Baiano e os Novos Caetanos.

Urubu tá com raiva do boi

E eu já sei que ele tem razão

É que o urubu tá querendo comer

Mas o boi não quer morrer

Não tem alimentação

O mosquito é engolido pelo sapo

O sapo a cobra lhe devora

[...]

Gavião quer engolir a socó

Socó pega o peixe e dá o fora.

Mas o urubu não pode devorar o boi

Todo dia chora, todo dia chora

[...]

Urubu tá com raiva do boi, de Geraldo Nunes e Marcos Cavalca de Albuquerque. Intérprete: Baiano e os Novos Caetanos. Disponível em: <https://www.letras.mus.br/baiano-os-novos-caetanos/1272054/>. Acesso em: 25 mar. 2019.

- Represente as cadeias alimentares citadas na canção.

....

....

....

7 Junte-se a um colega e discutam as questões a seguir. Registre as respostas no caderno.

a) O que pode acontecer se uma mudança no ambiente causar a extinção dos consumidores terciários de uma cadeia alimentar?

b) E se os produtores forem extintos?

O TEMA É...

Lugar de animal silvestre é na floresta

Em geral, o ser humano gosta da companhia dos animais, não é mesmo? Cães e gatos são exemplos de animais de estimação, e ainda há vários outros animais que podem nos fazer companhia em nossa casa.

● Cães e gatos são bons companheiros para pessoas de todas as idades.

No entanto, há pessoas que compram animais silvestres para criá-los como se fossem de estimação. Esses animais não estão adaptados à convivência com o ser humano e podem sofrer quando são criados em casas ou apartamentos.

Elementos não proporcionais entre si.

● Aves podem sofrer estresse quando são colocadas em gaiolas e impedidas de voar.

● Répteis (como as serpentes e os teiús) precisam de condições de temperatura e de umidade adequadas para viver bem.

É possível ter um animal desses em casa desde que se tenha autorização do Instituto Brasileiro do Meio Ambiente e dos Recursos Naturais Renováveis (Ibama). A autorização garante que a pessoa pode oferecer as condições necessárias ao bem-estar do animal e que ele nasceu em um criadouro licenciado e, portanto, não é proveniente do tráfico de animais.

Tráfico de animais silvestres: maldade de estimação

Iguanas cegas, que tiveram o olho perfurado por crianças na rua. Macacos-aranha com problemas ósseos [...]. E até jiboia com a mandíbula quebrada, para evitar mordidas. Mantidos pela prefeitura, o Centro de Triagem de Animais Silvestres, no Refúgio da Vida Silvestre Sauim-Castanheiras, na periferia de Manaus, é onde terminam várias dessas infelizes histórias de tráfico de animais silvestres.

O periquitão-maracanã sobreviveu [...], mas chegou ao centro com distrofia óssea. Patas e pés tortos impedem que ele consiga se **empoleirar**. É o que costuma acontecer com animais dessa espécie, quando tirados da natureza e condenados à estimação. Resultado da falta de **cálcio** na alimentação.

cálcio: nutriente necessário para a formação dos ossos.
empoleirar: ato das aves de pousar em galhos.

● Periquitão-maracanã na natureza.

"Na natureza, esses animais têm uma alimentação com frutos, folhas e outros itens, que têm vitaminas específicas", conta Laércio Chiesorin Júnior, médico-veterinário do Cetas Sauim-Castanheiras. "Presos, não escolhem o que comer e recebem alimentação humana, fraca nos nutrientes exigidos por esses animais, principalmente se estão em fase de crescimento."

Tráfico de animais silvestres: maldade de estimação, de Vandré Fonseca. **O Eco**. Disponível em: <https://www.oeco.org.br/reportagens/29121-trafico-de-animais-silvestres-maldade-de-estimacao>. Acesso em: 25 mar. 2019.

● Em grupo, converse com os colegas sobre a frase "Quando uma pessoa compra um animal silvestre sem autorização do Ibama, ela incentiva o tráfico de animais". Vocês concordam com essa afirmação? Por quê?

VOCÊ EM AÇÃO

Criando um *habitat*

Vimos ao longo desta Unidade que os restos de seres vivos mortos são decompostos e retornam para a cadeia alimentar como nutrientes para as plantas.

Pensando nesse ciclo natural, vamos criar um pequeno *habitat* em um terrário fechado.

Material

- 1 (um) recipiente de vidro com boca larga e tampa
- 1 (uma) muda de planta
- terra para jardinagem
- pedrinhas para aquário
- água
- cascalho para jardim, rochas, conchas e outros objetos para enfeitar o terrário

Procedimentos

1. Com o recipiente limpo, coloque as pedrinhas cobrindo o fundo.

2. Coloque uma parte da terra e faça um buraco no centro.

3. Coloque a muda no buraco e, se necessário, use um pouco mais de terra para fixá-la.

4. O restante das pedrinhas pode ser usado para cobrir a terra.

5. Depois de enfeitar o terrário, regue-o com água, sem deixar a terra encharcada, e feche-o com a tampa.

6. Mantenha-o sempre fechado e em um local com boa luminosidade e sem incidência direta de luz solar.

Observação e conclusão

- Em sua opinião, a planta vai morrer? Por quê?

  ....

  ....

- Após uma semana, o que aconteceu?

  ....

  ....

- E após um mês?

  ....

  ....

- Anote suas observações no quadro abaixo. Caso seja possível, fotografe o ambiente uma vez por semana. Ou você pode fazer um desenho e colori-lo.

Semana 1:	Semana 2:
Semana 3:	Semana 4:

UNIDADE 3
SER HUMANO E SAÚDE

Entre nesta roda

- O que as pessoas da cena estão sentindo? Você já sentiu esses tipos de alteração em seu corpo? Quando?

- O que você imagina que aconteceu com os batimentos do coração do ciclista após 15 minutos de descanso? E com a respiração?

- Você já caiu e feriu alguma parte do corpo? Se sim, o que foi feito para o ferimento melhorar? Se não, o que acha que precisa ser feito?

QUE CALOR! ESTOU SUANDO!

Nesta Unidade vamos estudar...

- Estrutura do corpo humano
- Sistema locomotor
- Sistema nervoso
- Nutrição do corpo humano
- Sistema digestório
- Sistema respiratório
- Sistema cardiovascular
- Sistema urinário
- Relação entre alguns sistemas do corpo humano
- Sistema genital
- Saneamento básico
- Doenças
- Primeiros socorros

9 A ESTRUTURA DO CORPO HUMANO

O corpo humano é organizado em células, tecidos, órgãos e sistemas que funcionam de maneira integrada, ou seja, um sistema depende do outro para funcionar.

As células

O corpo humano, como o da maioria dos seres vivos, é formado por pequenas partes vivas chamadas **células**.

As células podem ser de tipos e de tamanhos diferentes. Em geral, são tão pequenas que só podem ser vistas por meio de um microscópio.

As células são responsáveis pelo crescimento do corpo. Elas têm a capacidade de se dividir, ou seja, uma célula dá origem a duas células, que, quando se dividirem novamente, darão origem a quatro células, e assim por diante. Grande número de células do corpo continua a se dividir mesmo depois que o indivíduo cresce. Elas darão origem a novas células, que substituirão as que morrerem ou precisarem ser renovadas.

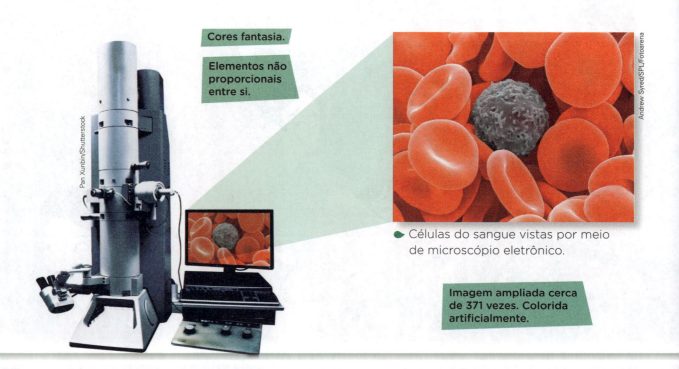

Cores fantasia.

Elementos não proporcionais entre si.

● Células do sangue vistas por meio de microscópio eletrônico.

Imagem ampliada cerca de 371 vezes. Colorida artificialmente.

Alguns seres vivos são constituídos de uma única célula: são os **unicelulares**, como as bactérias. Outros são constituídos de inúmeras células: são os **multicelulares**. Os vegetais e os animais são multicelulares.

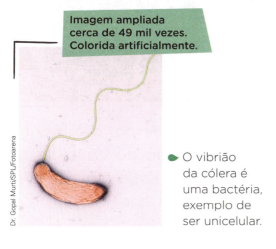

O vibrião da cólera é uma bactéria, exemplo de ser unicelular. Imagem ampliada cerca de 49 mil vezes. Colorida artificialmente.

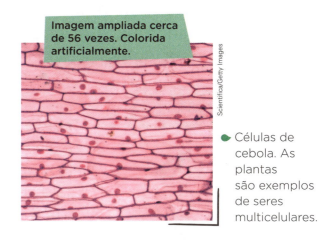

Células de cebola. As plantas são exemplos de seres multicelulares. Imagem ampliada cerca de 56 vezes. Colorida artificialmente.

Os tecidos

Você já sabe que nosso corpo é formado por muitos tipos de célula.

Em cada parte do corpo as células formam conjuntos, e cada conjunto exerce uma função. A esse conjunto de células damos o nome de **tecido**. Cada tecido do corpo realiza trabalhos diferentes.

Nosso organismo é constituído de quatro tipos de tecido.

- **Tecido epitelial:** é formado por células epiteliais. Ele recobre o corpo por fora, formando a pele. O tecido epitelial também reveste o interior de alguns órgãos, como a boca e o esôfago.

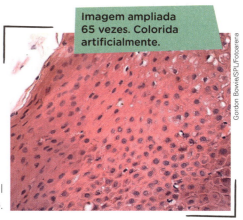

Tecido epitelial do esôfago. Imagem ampliada 65 vezes. Colorida artificialmente.

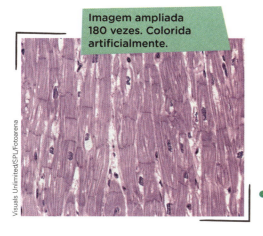

Imagem ampliada 180 vezes. Colorida artificialmente.

- **Tecido muscular:** é formado por células musculares. Trata-se do tecido que constitui os músculos.

Tecido muscular do braço.

- **Tecido conjuntivo:** pode ser formado por diferentes tipos de célula. É o tecido que dá sustentação e une os outros tecidos e os órgãos entre si. Os ossos de nosso corpo são formados por um tipo de tecido conjuntivo, o tecido ósseo.

Tecido conjuntivo da traqueia.

Imagem ampliada 226 vezes. Colorida artificialmente.

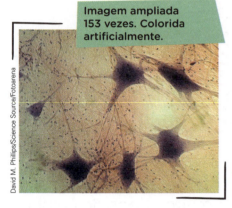

Imagem ampliada 153 vezes. Colorida artificialmente.

- **Tecido nervoso:** é formado por células nervosas. Ele está associado ao controle do corpo e à resposta aos estímulos do ambiente. É encontrado no encéfalo, na medula e nos nervos.

Tecido nervoso do encéfalo.

Um conjunto de tecidos relacionados a uma mesma função forma um **órgão**.

O corpo humano tem diversos órgãos, como o coração, os pulmões, o estômago e os rins.

A reunião de vários órgãos constitui um **sistema**. Em conjunto, os sistemas são responsáveis pelo funcionamento do **organismo** humano.

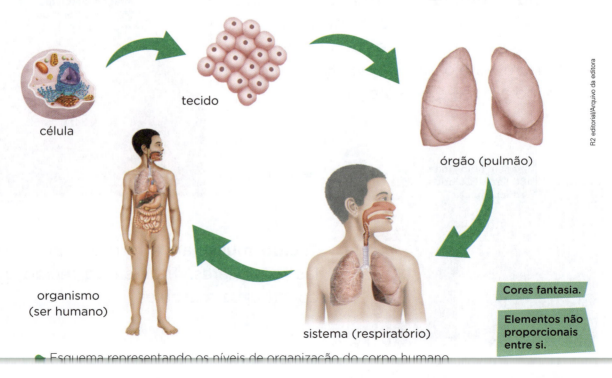

Esquema representando os níveis de organização do corpo humano.

Cores fantasia.

Elementos não proporcionais entre si.

Atividades

1 Quais são as pequenas partes vivas que formam o corpo humano?

....

2 Que nome se dá a um conjunto de células do mesmo tipo, que realizam determinada função?

....

3 Onde é encontrado o tecido nervoso?

....

4 Relacione as imagens numeradas aos nomes que seguem.

☐ célula   ☐ tecido   ☐ órgão

☐ sistema   ☐ organismo

Cores fantasia.
Elementos não proporcionais entre si.

5 Complete as lacunas.

a) O tecido .... recobre o corpo por fora.

b) .... é um conjunto de tecidos que realizam uma mesma função.

c) A reunião de vários órgãos forma um ....

10 O SISTEMA LOCOMOTOR

Quantos tipos de movimento você consegue fazer com o seu corpo?

O **sistema locomotor** é responsável pelos movimentos do corpo. Ele é formado por ossos, músculos e articulações.

O esqueleto

O conjunto de ossos do corpo forma o **esqueleto**.

Há vários tipos de ossos. O maior deles é o **fêmur**, que fica na coxa.

Os ossos protegem os órgãos internos, além de participar, com os músculos e as articulações, dos movimentos do corpo.

Os ossos estão ligados uns aos outros por meio de **articulações**. Algumas, como as das mãos, dos braços e dos joelhos, fazem movimentos amplos. São as chamadas articulações **móveis**. Outras, como as que ligam os ossos do crânio, são **imóveis**, pois não fazem movimentos. Há, ainda, algumas articulações **semimóveis**, como as da coluna vertebral, que fazem movimentos pequenos.

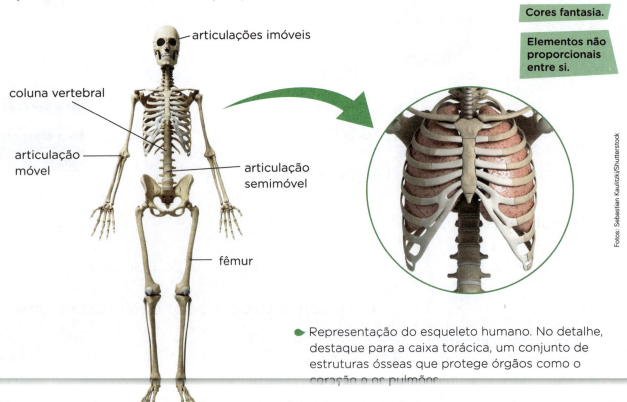

Cores fantasia.

Elementos não proporcionais entre si.

Fotos: Sebastian Kaulitzki/Shutterstock

• Representação do esqueleto humano. No detalhe, destaque para a caixa torácica, um conjunto de estruturas ósseas que protege órgãos como o coração e os pulmões.

VOCÊ EM AÇÃO

Modelo de articulação do braço

Você já pensou nas vantagens de termos articulações?

Material:

- 2 elásticos de látex
- 1 grampo tipo bailarina
- 1 pedaço de papelão ou cartolina
- 1 tesoura de pontas arredondadas

Procedimentos:

Atenção: Faça com a ajuda de um adulto.

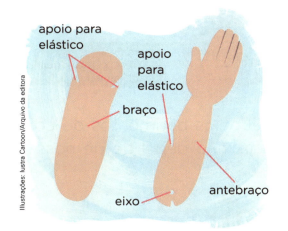

1 Reproduza o desenho ao lado em um papelão e recorte o braço e o antebraço.

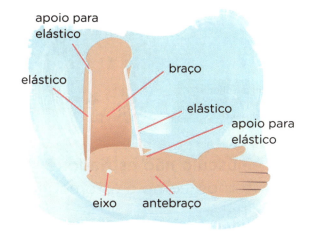

2 Sobreponha os moldes e prenda-os no "eixo" com o grampo. Em seguida, passe os elásticos nos apoios, conforme indicado na figura ao lado.

Observação e conclusão

Utilizando o modelo construído, simule os movimentos do braço. Depois, converse com os colegas sobre o tipo da articulação que temos no braço e quais os benefícios que ela nos oferece.

Os músculos

Os **músculos** localizam-se entre os ossos e a pele, dando forma ao corpo e protegendo os órgãos internos.

Os músculos se contraem e relaxam, dando movimento e força ao corpo.

Em nosso corpo existem três tipos de músculo: estriado esquelético, estriado cardíaco e não estriado. Veja:

Cores fantasia.

Elementos não proporcionais entre si.

- **Músculo estriado esquelético:** permite mover as partes do esqueleto de acordo com nossa vontade; por isso, é chamado **voluntário**.

• Musculatura estriada esquelética do braço.

Imagem ampliada [335 vezes]. Colorida artificialmente.

- **Músculo estriado cardíaco:** é responsável pelos batimentos do coração. É um músculo **involuntário**, ou seja, não depende de nossa vontade para se contrair.

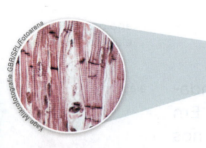
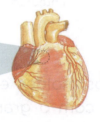

Imagem ampliada [335 vezes]. Colorida artificialmente.

• Musculatura estriada cardíaca.

- **Músculo não estriado:** é responsável pelo movimento de órgãos internos, como o estômago e o intestino. É também um músculo involuntário.

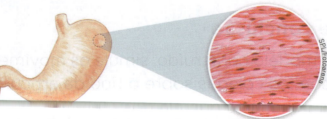

• Musculatura não estriada do estômago.

Imagem ampliada [167 vezes]. Colorida artificialmente.

Atividades

1 Todos os movimentos do corpo são executados pelos músculos, que são formados de tecidos capazes de se contrair. Observe a ilustração ao lado.

Agora, responda: Que mecanismo possibilita que pessoas e outros animais se movimentem?

_____
_____
_____

2 Explique a diferença entre:

a) músculos voluntários e involuntários;

_____
_____
_____

b) articulações móveis e semimóveis.

_____
_____
_____

3 Em grupos, façam uma pesquisa sobre doenças que podem atingir o sistema locomotor e como podem ser evitadas e tratadas. Escolham uma das doenças encontradas e apresentem sua pesquisa para a classe.

11 O SISTEMA NERVOSO

O **sistema nervoso** é o principal responsável pelo controle das atividades corporais. Ele recebe, transmite, cria, reorganiza e armazena informações. Sensações, como frio, dor e fome, são transmitidas ao cérebro por meio de nervos.

Algumas atividades, como falar, andar e escrever, dependem de nossa vontade; são as ações **voluntárias**. Outras, como os batimentos cardíacos e a secreção da saliva não dependem de nossa vontade e acontecem mesmo que não enviemos ao corpo o comando para isso; são as ações **involuntárias**.

O sistema nervoso é formado pelo **encéfalo**, pela **medula espinal** e pelos **nervos**.

A medula espinal tem a forma de um cordão. Ela liga o encéfalo às diversas partes do corpo, além de conduzir informações ao encéfalo e participar de nossos atos involuntários. Também atua em nossos reflexos, ou seja, nas reações do organismo a estímulos do ambiente.

Os nervos enviam e recebem informações. Eles saem do encéfalo e da medula e se estendem para todas as partes do corpo.

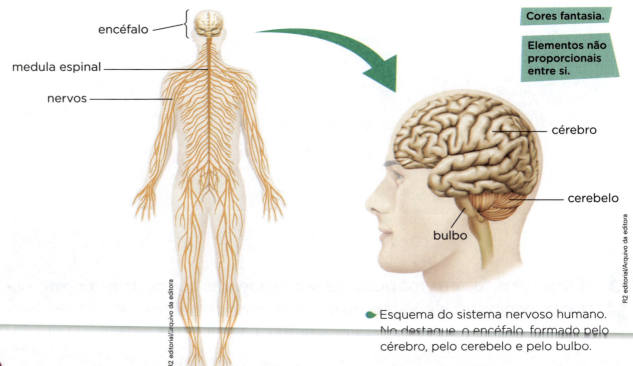

Cores fantasia.

Elementos não proporcionais entre si.

● Esquema do sistema nervoso humano. No destaque, o encéfalo, formado pelo cérebro, pelo cerebelo e pelo bulbo.

O sistema nervoso é fundamental para o funcionamento do corpo humano.

No encéfalo, encontram-se:

- o **cérebro**, órgão responsável pela memória, pelo pensamento e pela inteligência;
- o **cerebelo**, responsável pela coordenação dos movimentos comandados pelo cérebro, garantindo uma perfeita harmonia entre eles;
- o **bulbo**, que controla os movimentos involuntários, como a respiração, a circulação e os batimentos cardíacos.

Os órgãos dos sentidos

A visão, a audição, a gustação, o olfato e o tato são os nossos cinco sentidos. Eles trabalham em associação com o sistema nervoso na interação do corpo com o ambiente.

Para cada um desses sentidos, há um órgão que recebe as informações do ambiente. O olho é o principal órgão da visão; a orelha, o da audição; a língua, o da gustação; o nariz, o do olfato; e a pele, o do tato.

As informações do ambiente são conduzidas pelos nervos até o encéfalo, onde são transformadas em sensações.

- O rapaz sentiu cheiro de queimado. Foi até a cozinha, viu que o leite estava fervendo. Imediatamente, desligou o botão do fogão. Seus órgãos dos sentidos evitaram que ocorresse um acidente.

Atividades

1 Responda:

a) Qual é a função do sistema nervoso?

....

b) Por quais partes ele é formado?

....

c) Qual é a função dos nervos?

....

d) Quais são as partes que compõem o encéfalo?

....

2 Leia e responda:

A bailarina realiza passos harmoniosos ao som da música. Com muita calma, ela se movimenta pelo palco na ponta dos pés.

- Quais partes do encéfalo auxiliam a bailarina a realizar a dança?

....

....

....

....

3 Complete, escrevendo as palavras do quadro nos espaços adequados.

| encéfalo | sentidos | nervos | ambiente | medula |

Os órgãos dos .... captam informações do .... e as mandam para o .... e para a .... por meio dos ....

4 Escreva o nome dos nossos cinco sentidos e dos órgãos correspondentes a eles.

....

....

5 Escreva exemplos de como você pode perceber o que acontece à sua volta:

- Pela visão: ....

....

- Pelo tato: ....

....

- Pela gustação: ....

....

- Pelo olfato: ....

....

- Pela audição: ....

....

6 Escreva sobre a importância dos órgãos dos sentidos em sua vida. Faça também desenhos ou cole figuras.

12 NUTRIÇÃO DO CORPO

A alimentação é muito importante para a saúde do nosso corpo.

O corpo precisa de energia para que todos os órgãos possam funcionar adequadamente. Essa energia é obtida dos alimentos. Durante a digestão, os alimentos são transformados em partes bem pequenas que podem ser absorvidas pelo corpo: são os **nutrientes**. Eles devem ser variados, a fim de **suprir** o organismo de tudo o que ele precisa.

suprir: completar o que falta.

Em nossa alimentação, devemos incluir alimentos de origem vegetal, animal e mineral. Veja o quadro a seguir.

Elementos não proporcionais entre si.

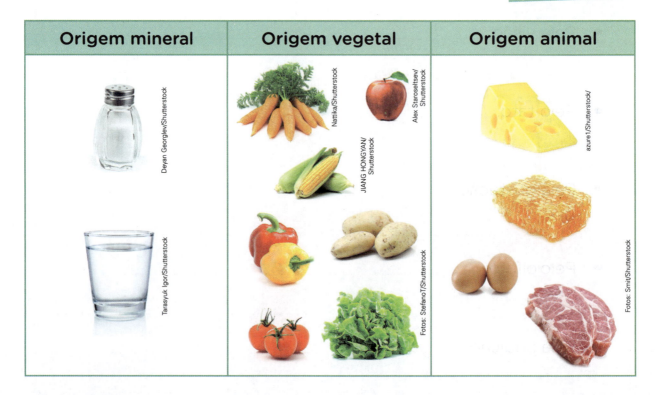

Os alimentos têm diferentes funções em nosso organismo. De acordo com os tipos de nutrientes que contêm, eles podem ser classificados em **construtores**, **energéticos** e **reguladores**.

- **Alimentos construtores:** são ricos em **proteínas**. As proteínas ajudam na renovação das células, na reconstrução dos tecidos e no crescimento do corpo. São exemplos de alimentos ricos em proteínas: peixe, leite, soja, ovo, frango, feijão e carne.

- **Alimentos energéticos:** são os **carboidratos** e **lipídios**, ricos em **açúcares** e **gorduras**, substâncias que dão energia ao nosso corpo. São exemplos de alimentos ricos em açúcares e gorduras: mel, leite, açúcar, frutas, beterraba e óleos.

- **Alimentos reguladores:** são ricos em **sais minerais** e **vitaminas**, substâncias que regulam o funcionamento de nosso organismo, participando da defesa contra doenças.

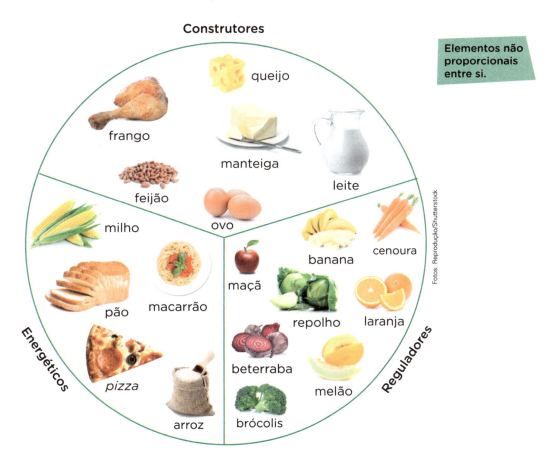

Os sais minerais (como cloro, sódio, cálcio, flúor e ferro) são necessários para a formação dos ossos, dos dentes e do sangue. Eles são encontrados no sal de cozinha, no leite, nas verduras, etc.

As vitaminas são necessárias para o desenvolvimento de nosso organismo e para a prevenção de certas doenças. As vitaminas A, B, C, D e E são encontradas principalmente em frutas, verduras, ovos e leite.

Atividades

1 Verifique os tipos de alimento que você costuma comer e escreva o nome de alguns deles nas colunas correspondentes do quadro abaixo.

Sais minerais e vitaminas	Açúcares e gorduras	Proteínas

- Agora, responda:

    a) Sua alimentação é variada? O que você consome em maior quantidade: alimentos construtores, energéticos ou reguladores?

    _____

    _____

    b) Por que a alimentação deve ser variada?

    _____

    _____

2 Assinale com um **X** as opções corretas.

a) Os alimentos construtores são ricos em:

☐ vitaminas.   ☐ proteínas.   ☐ gorduras.

b) Os alimentos que contêm açúcares e gorduras em maior quantidade são os:

☐ construtores.   ☐ reguladores.   ☐ energéticos.

3 Responda às questões.

a) Traga para a classe uma embalagem de alimento consumido em sua casa e complete o quadro com as informações nutricionais contidas nele.

	Quantidade por porção
fibras	
proteínas	
carboidratos	
gorduras	

- Os rótulos das embalagens informam quais são os principais constituintes dos alimentos, fornecendo a quantidade de carboidratos, gordura, proteínas e fibras que há em determinada quantidade. É o que chamamos de "informação nutricional".

b) Converse com o professor e os colegas sobre as diferenças entre os prazos de validade contidos nas embalagens que vocês trouxeram para a classe. Anote a seguir o que você observar.

．．．

．．．

c) Observe as informações nutricionais das embalagens trazidas pelos colegas e discuta com eles quais os nutrientes mais comuns nos produtos industrializados.

Cuidados com a alimentação

Uma boa alimentação não significa apenas comer alimentos variados. É preciso também tomar alguns cuidados na compra, no preparo e no modo de consumi-los. Veja alguns cuidados com a alimentação e procedimentos de higiene:

- cozinhar bem alimentos como carnes e peixes;

- lavar cuidadosamente os alimentos que são ingeridos crus, como frutas e verduras;

- conservar os alimentos em lugares frescos, protegidos de poeira, insetos e outros animais;

- comer devagar, mastigando bem;

- dar preferência aos alimentos naturais (entre um refrigerante e um suco de frutas, fique com o suco!);

- evitar o excesso de doces;

- lavar as mãos antes das refeições;

- ao fazer a compra, verificar a data de validade dos produtos.

Elementos não proporcionais entre si.

Saiba mais

Prato: alimentação saudável

O *Prato: alimentação saudável*, criado por especialistas em nutrição da Harvard T. H. Chan School of Public Health e editores da Harvard Health Publications, é um guia para a criação de refeições saudáveis, equilibradas [...]

Faça a maior parte de sua refeição com legumes e frutas – ½ do seu prato:

Selecione por cor e variedade e lembre-se que batatas não contam como vegetais no *Prato: coma saudável*, devido a seu impacto negativo sobre o "açúcar" no sangue.

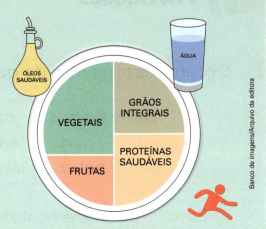

- As porções ocupadas pelo tipo de alimento no prato indicam a proporção em que devem ser consumidos de acordo com o *Prato: alimentação saudável*.

Escolha grãos integrais – ¼ do seu prato:

Grãos integrais e intactos – trigo, cevada, baga de trigo, quinoa, aveia, arroz integral e alimentos feitos com eles, como massa integral – têm um efeito mais suave sobre o "açúcar" no sangue [...] do que pão branco, arroz branco, e outros grãos refinados.

O poder das proteínas – ¼ do seu prato:

Peixe, frango, feijão e nozes são todos fontes de proteínas saudáveis, versáteis – podem ser misturados em saladas e acompanhar vegetais em um prato. Limite carne vermelha e evite carnes processadas, como bacon, linguiça e salsicha.

Óleos vegetais saudáveis – com moderação:

Escolha óleos vegetais saudáveis, como azeite de oliva, óleo de canola, soja, milho, girassol, amendoim e outros, e evite óleos parcialmente hidrogenados, que contêm gorduras [...]. Lembre-se que baixo teor de gordura não significa "saudável".

Beba água, café ou chá:

Evite bebidas açucaradas, limite leite e laticínios a 1-2 porções por dia, e limite suco a um copo pequeno por dia.

Mantenha-se ativo:

A figura vermelha correndo através da bandeja do *Prato: alimentação saudável* é um lembrete de que permanecer ativo também é importante para controlar o peso.

Prato: alimentação saudável. **Harvard T. H. Chan School of Public Health**. Disponível em: <https://www.hsph.harvard.edu/nutritionsource/healthy-eating-plate/translations/portuguese>. Acesso em: 21 mar. 2019.

Atividades

1 Observe os alimentos do quadro a seguir e faça o que se pede.

carne bovina	carne de frango	alface	frutas
cenoura	ovo	arroz	sal	suco de laranja	água
leite	peixe	laranja	batata frita	macarronada

a) Escolha cinco elementos do quadro para montar um prato.

....

b) O prato que você montou pode ser considerado um prato saudável? Por quê?

....

....

c) Além de uma alimentação equilibrada, o que mais devemos fazer para controlar o peso e ter uma vida mais saudável?

....

2 Quais são os cuidados que devemos ter com cada alimento apresentado a seguir?

Carnes e peixes	Frutas e verduras	Doces

13 O SISTEMA DIGESTÓRIO

Os alimentos fornecem energia para os seres vivos. Quando são ingeridos, precisam ser transformados antes de serem aproveitados como nutrientes. Esse processo de transformação dos alimentos dentro do corpo chama-se **digestão**.

O sistema digestório é constituído pelos órgãos que formam o **tubo digestório** (por onde passa o alimento) e pelos **órgãos anexos** (dentes, glândulas salivares, fígado, pâncreas).

- Esquema mostrando os órgãos do sistema digestório humano.

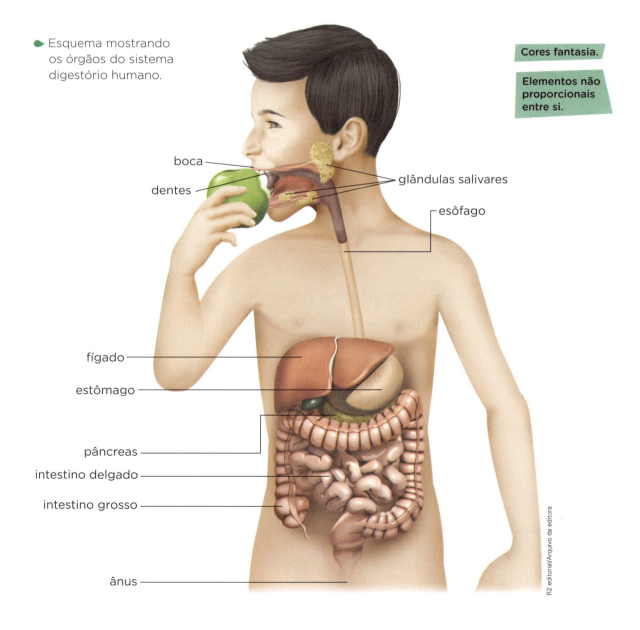

Cores fantasia.

Elementos não proporcionais entre si.

A digestão de um alimento ocorre da seguinte maneira:

- Na boca, o alimento é mastigado e misturado à saliva, com a ajuda dos dentes e da língua. O alimento transforma-se, então, em uma espécie de massa, chamada **bolo alimentar**.

- O bolo alimentar segue para a faringe, é engolido e depois percorre o **esôfago** até chegar ao estômago.

- No estômago, o bolo alimentar é misturado com o suco gástrico, produzido pelo próprio estômago. Esse suco transforma o alimento em uma pasta, que recebe o nome de **quimo**.

- Do estômago, o quimo é enviado ao **intestino delgado**, onde é misturado com outros sucos digestórios, produzidos pelo fígado, pelo pâncreas e pelo próprio intestino. O quimo torna-se, então, uma pasta líquida e passa a se chamar **quilo**.

- No intestino delgado, os nutrientes do quilo são absorvidos pelo organismo e passam para o sangue, sendo levados para todas as células do corpo. A parte que não é aproveitada vai para o **intestino grosso** e é eliminada pelo **ânus**, na forma de fezes. No intestino grosso, também ocorre a reabsorção da maior parte da água do quilo.

Saiba mais

Estruturas e órgãos anexos do sistema digestório

A imagem da página anterior apresenta os órgãos que são percorridos pelos alimentos que ingerimos e mostra também outros órgãos auxiliares no processo de digestão, chamados anexos. Veja alguns deles:

- Os **dentes** cortam e trituram os alimentos.

- As **glândulas salivares** liberam a saliva, que contém uma substância que dá início ao processo de digestão.

- O **fígado** é um órgão com diversas funções; entre elas, ele ajuda a controlar a quantidade de açúcar no sangue.

- O **pâncreas** (que fica atrás do estômago) produz grande quantidade do suco digestório que é liberado no intestino delgado.

Atividades

1 Responda:

a) O que é o sistema digestório?

....

....

b) O que é digestão?

....

....

....

c) Onde começa a digestão?

....

d) O que acontece com a parte do alimento não aproveitada pelo organismo?

....

2 Complete as lacunas.

a) O .... é o órgão que produz um suco digestório chamado suco gástrico.

b) .... é o nome que o bolo alimentar recebe depois de misturado com o suco gástrico.

c) Depois de misturado com outros sucos digestórios, o quimo passa a ser chamado de ....

3 Otávio vai comer uma maçã. Escreva o nome dos órgãos que esse alimento percorrerá no corpo dele.

....

14 O SISTEMA RESPIRATÓRIO

Para viver precisamos respirar. A respiração é o processo de aproveitamento de oxigênio e eliminação de gás carbônico. O mecanismo da respiração envolve dois momentos:

- a **inspiração** – entrada de ar no organismo;
- a **expiração** – saída de ar do organismo.

O sistema respiratório é o conjunto de órgãos responsáveis pela respiração.

Os órgãos que constituem o sistema respiratório são: as cavidades nasais, a faringe, a laringe, a traqueia, os brônquios e os pulmões.

Observe o esquema do sistema respiratório.

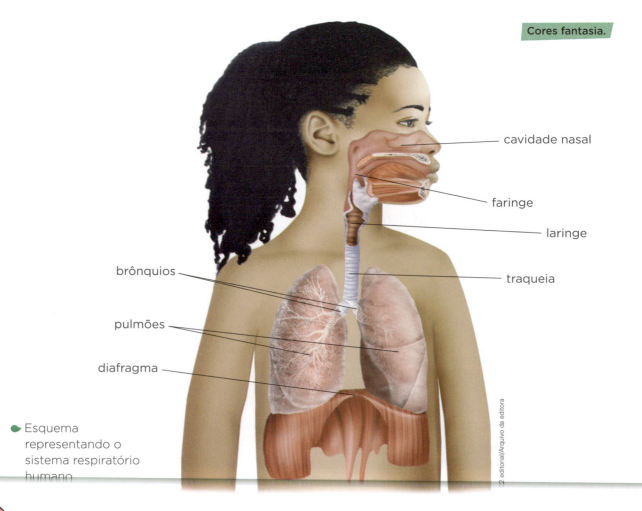

Cores fantasia.

- Esquema representando o sistema respiratório humano.

Veja como ocorre a respiração.

- O ar, carregado de oxigênio, penetra o corpo humano pelas narinas e vai para as cavidades nasais, que ficam dentro do nariz. Nele, o ar é filtrado por pequenos pelos, que não deixam a poeira passar.

- Em seguida, o ar passa pela faringe, atravessa um pequeno orifício chamado glote e chega à laringe. Daí, ele segue em direção à traqueia e depois aos brônquios.

- Os brônquios conduzem o ar até os pulmões. Um dos brônquios penetra o pulmão esquerdo e o outro, o pulmão direito. Cada brônquio se divide em vários bronquíolos, que apresentam alvéolos pulmonares.

- Nos alvéolos pulmonares, ocorre a troca de gases: o oxigênio passa para o sangue e o gás carbônico (trazido pelo sangue das outras partes do corpo) passa para o ar que será expirado pelos pulmões. O oxigênio é então conduzido pelo sangue para todas as células. O gás carbônico, por sua vez, é lançado na atmosfera.

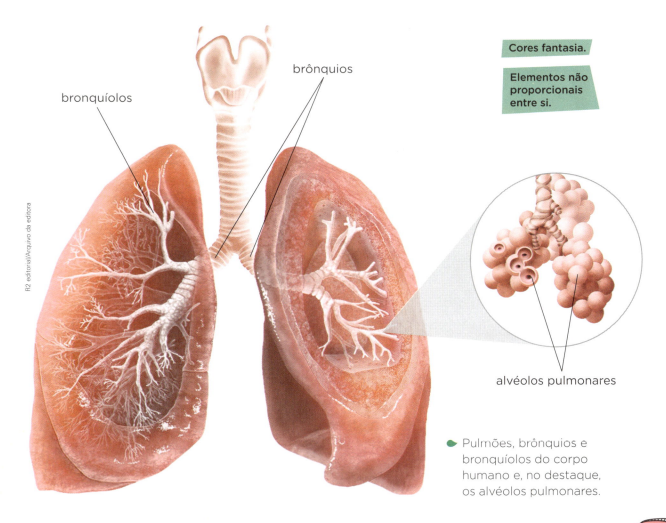

Cores fantasia.

Elementos não proporcionais entre si.

- Pulmões, brônquios e bronquíolos do corpo humano e, no destaque, os alvéolos pulmonares.

Por que ficamos ofegantes?

Todas as atividades do corpo precisam de energia para serem realizadas. Um músculo, por exemplo, só se movimenta se tiver um bom fornecimento de energia. Mas de onde vem a energia de que o corpo precisa?

A energia que o corpo utiliza vem dos alimentos. Para isso, o alimento é transformado no sistema digestório e os nutrientes são absorvidos e transportados por meio do sangue para todas as partes do corpo.

Porém, a obtenção de energia a partir dos alimentos só ocorre na presença de oxigênio. Assim, o oxigênio absorvido pelo sistema respiratório também deve ser transportado pelo sangue para todas as células do corpo.

Agora, observe em qual das situações abaixo Pedro está ofegante. Por quê?

- Pedro está ofegante ao realizar atividades físicas, pois o corpo precisa de mais oxigênio, uma vez que o gasto energético é maior.

Quando Pedro está realizando uma atividade física, como correr, seus músculos precisam de mais nutrientes e de mais oxigênio, pois estão em plena atividade e seu gasto de energia torna-se maior. Nessas condições, ele está ofegante, já que seus pulmões apresentam um ritmo maior para que seu corpo, principalmente seus músculos, receba uma melhor oxigenação.

Quando Pedro está mais relaxado, seu corpo requer menos energia, mas isso não significa que ele não precise de oxigênio e de nutrientes. O cérebro, por exemplo, é uma parte do corpo que requer uma grande quantidade de energia para realizar suas funções básicas. Assim, o sistema digestório e o sistema respiratório estão sempre trabalhando juntos para nutrir o corpo.

Atividades

1 Observe as imagens abaixo. Complete-as, indicando o processo de troca de gases que fazemos ao respirar.

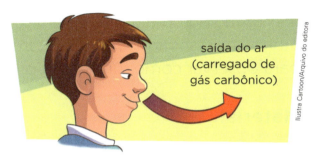

....

2 Marque com **V** as afirmações verdadeiras e com **F** as falsas.

☐ O gás carbônico é eliminado durante a respiração.

☐ O gás carbônico é levado para os pulmões pelo sangue e depois é lançado para a atmosfera.

☐ O oxigênio é levado a todas as células do corpo pelos pulmões.

☐ A troca de oxigênio por gás carbônico ocorre nas fossas nasais.

3 Por que o sistema respiratório e o sistema digestório são importantes para a nossa saúde?

....
....
....
....

VOCÊ EM AÇÃO

Simulando os movimentos respiratórios

Inspira, expira, inspira, expira, inspira, expira... A respiração é um movimento tão automático que nem mesmo percebemos que estamos a todo momento respirando, não é mesmo? Agora, vamos construir um modelo para observar como funcionam os movimentos de inspiração e expiração.

Material:

- 1 balão grande (tamanho 8)
- 2 balões pequenos (tamanho 0)
- 2 canudos (um grosso e um fino)
- 1 garrafa plástica transparente de 2 litros com tampa
- 1 prego
- massa de modelar
- 1 tesoura de pontas arredondadas
- fita adesiva
- barbante

Procedimentos:

1 Peça a um adulto que corte a garrafa plástica ao meio e fure a tampa com o prego. Somente a parte superior da garrafa será utilizada.

Atenção: Faça com a ajuda de um adulto.

2 Corte o canudo fino em duas partes de aproximadamente 5 centímetros. Introduza as duas partes no canudo grosso e prenda com a fita adesiva.

3 Coloque os balões pequenos nas pontas dos canudos finos e prenda-os com a fita adesiva.

> **Atenção**: Cuidado com o prego! Peça ajuda a um adulto.

4 Insira o canudo grosso no furo da tampa pela parte de dentro da garrafa. Depois, vede-a com massa de modelar.

5 Com a tesoura, corte o bico do balão grande e use-o para fechar o fundo da garrafa. Amarre-o na garrafa com barbante e fixe-o com fita adesiva.

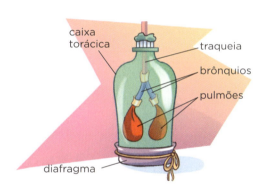

Observação e conclusão

Utilizando o modelo construído, simule os movimentos respiratórios:

1 Puxe o balão grande (diafragma) para baixo e observe. O que acontece? Que movimento respiratório é esse?

2 Em seguida, solte o balão grande e observe. O que acontece? Que movimento respiratório é esse?

15 O SISTEMA CARDIOVASCULAR

O sangue, os vasos sanguíneos e o coração compõem o sistema cardiovascular.

O sangue transporta para todo o corpo o oxigênio, os nutrientes e outras substâncias necessárias para o bom funcionamento do organismo. Ele percorre o corpo por meio de uma enorme rede de vasos sanguíneos.

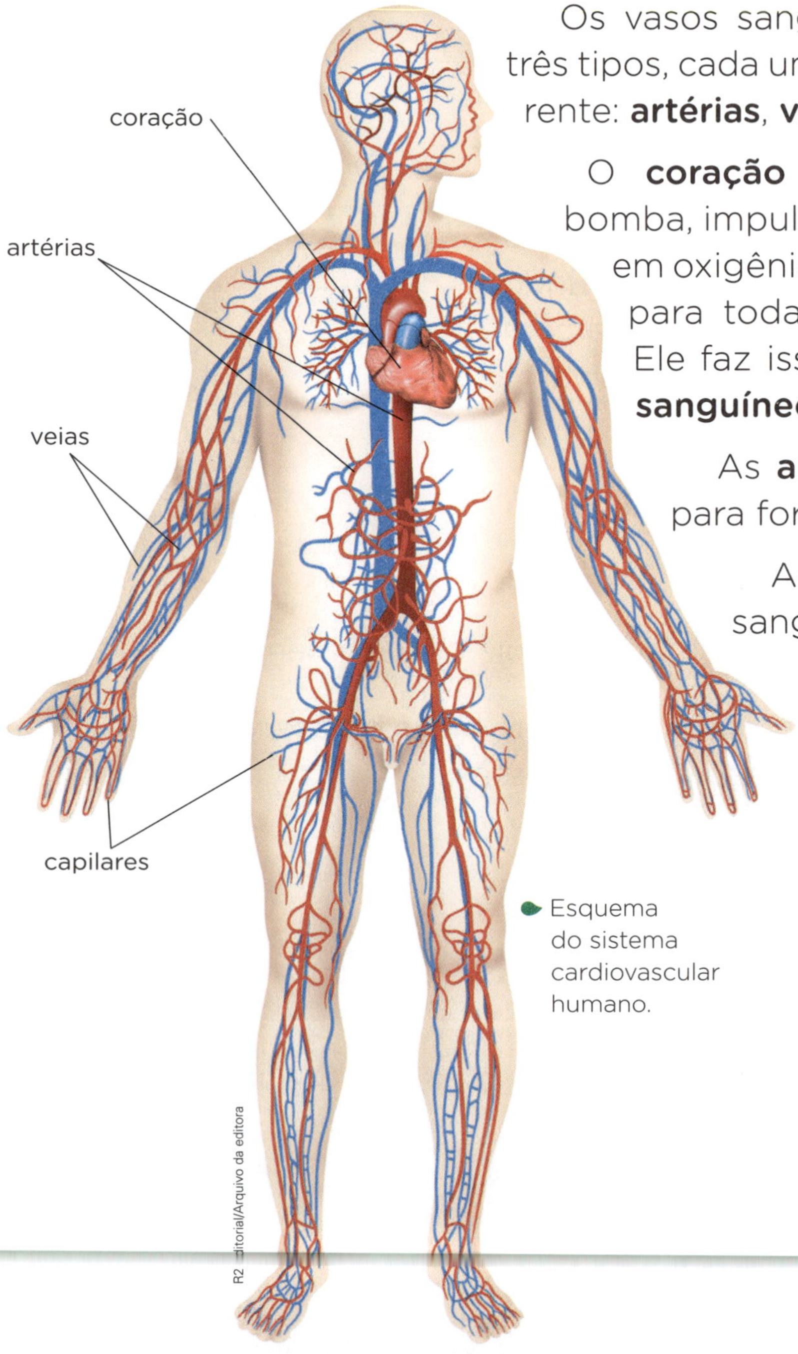

Os vasos sanguíneos podem ser de três tipos, cada um com uma função diferente: **artérias**, **vasos capilares** e **veias**.

O **coração** funciona como uma bomba, impulsionando o sangue rico em oxigênio que vem dos pulmões para todas as partes do corpo. Ele faz isso por meio dos **vasos sanguíneos**.

As **artérias** levam o sangue para fora do coração.

As **veias** conduzem o sangue para o coração.

- coração
- artérias
- veias
- capilares

● Esquema do sistema cardiovascular humano.

Cores fantasia.

Elementos não proporcionais entre si.

Veja na figura que as artérias e as veias se espalham praticamente pelo corpo inteiro. Onde terminam as artérias formam-se as veias, que levam de volta o sangue para o coração.

As artérias são vasos mais grossos formados de tecido muscular. As veias são mais finas que as artérias; e os **capilares** são vasos muito finos que estão entre as veias e as artérias.

O trajeto percorrido pelo sangue no interior dos vasos sanguíneos recebe o nome de **circulação**.

Há dois tipos de circulação em nosso corpo: a pequena e a grande.

Na **pequena circulação**, o sangue vai do coração aos pulmões e dos pulmões ao coração. Na **grande circulação**, o percurso realizado pelo sangue é do coração ao restante do corpo e do corpo ao coração.

Em condições normais, o coração de uma criança da sua idade, por exemplo, bate de 60 a 110 vezes por minuto.

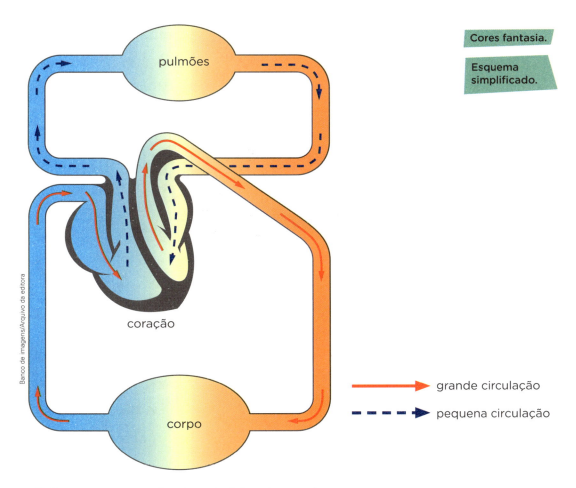

Esquema representando os trajetos da grande e da pequena circulação no corpo humano.

O número de pessoas que morrem por doenças circulatórias é muito grande. Algumas medidas, como praticar atividades físicas regulares e sem exagero, controlar o peso, alimentar-se corretamente e não fumar, podem diminuir a probabilidade de desenvolver doenças circulatórias.

Saiba mais

Aprenda mais sobre seu corpo

Veja a seguir algumas características relacionadas ao sistema cardiovascular.

- O coração pode continuar funcionando fora do corpo do animal por algum tempo se for mantido em condições parecidas com as geralmente existentes no interior dos organismos.

- No corpo de uma pessoa adulta, circulam cerca de cinco litros de sangue.

- O sangue, em sua maior parte, é constituído de água. O restante é composto de células sanguíneas, proteínas, nutrientes e gases.

- Cada pessoa pertence a um grupo sanguíneo: grupo A, grupo B, grupo AB ou grupo O.

- Algumas pessoas podem precisar receber sangue por transfusão. A transfusão consiste em fazer passar o sangue de uma pessoa para outra.

- Antes de fazer uma transfusão, é preciso conhecer o grupo de sangue de quem doa (doador) e de quem vai receber (receptor), pois as transfusões só podem ser feitas com tipos de sangue que tenham **compatibilidade**.

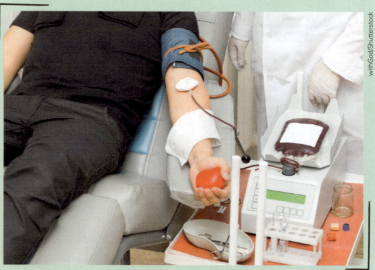

● Os bancos de sangue, que fornecem as bolsas de sangue para transfusões, dependem da doação de pessoas voluntárias.

compatibilidade: capacidade apresentada por dois grupos sanguíneos de se unirem e funcionarem em conjunto.

Atividades

1 Assinale com um **X** a opção que completa corretamente a frase.

> O coração envia para todas as partes do corpo o sangue rico em oxigênio que vem ....

☐ das veias ☐ dos pulmões ☐ das artérias

2 Responda:

a) Quais órgãos formam o sistema cardiovascular humano?

b) O que se entende por circulação?

c) O que é a pequena circulação?

d) O que é a grande circulação?

3 O coração responde a estímulos do sistema nervoso. Observe a cena, imagine que você está passando pela situação e escreva o que ocorre em seu organismo.

16 O SISTEMA URINÁRIO

Ao realizar as funções que nos mantêm vivos, nosso organismo produz e transforma muitas substâncias, algumas das quais precisam ser eliminadas, pois são prejudiciais à saúde. Chama-se **metabolismo** o conjunto dessas transformações.

A eliminação de resíduos produzidos é feita principalmente pelo sistema urinário.

Os órgãos que compõem o sistema urinário são: os rins, os ureteres, a bexiga e a uretra.

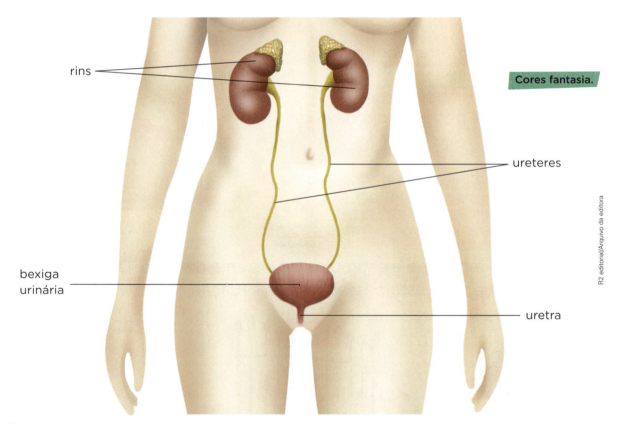

Cores fantasia.

- Esquema representando o sistema urinário humano.

Os rins funcionam como filtros, retirando os resíduos do sangue para compor a urina.

Depois de formada nos rins, a urina é conduzida pelos ureteres até a bexiga, órgão muscular e elástico que aumenta de tamanho à medida que fica cheio. Da bexiga, a urina é eliminada por um tubo chamado uretra.

Atividades

1 Numere a segunda coluna de acordo com a primeira.

① rins

② ureteres

③ bexiga urinária

④ uretra

⑤ sistema urinário

⑥ metabolismo

☐ Acumula a urina até sua eliminação.

☐ Conjunto de transformações pelas quais passam muitas substâncias em um organismo vivo.

☐ Conduzem a urina até a bexiga.

☐ Responsável pela eliminação de resíduos produzidos pelo corpo.

☐ Filtram o sangue e produzem a urina.

☐ Elimina a urina.

2 O que você acha que pode acontecer com uma pessoa quando os resíduos produzidos por seu organismo não são devidamente eliminados?

....

....

3 Pesquise e numere a segunda coluna de acordo com a primeira.

① urina

② urina, suor e fezes

③ água

④ sangue

⑤ hemodiálise

☐ Está presente em todos os alimentos de origem vegetal e animal.

☐ A cada 24 horas passa 150 vezes pelos rins.

☐ Por meio deles, perdemos 2,5 litros de água por dia.

☐ Procedimento por meio do qual o sangue é filtrado com a ajuda de um aparelho.

☐ Cerca de 95% de sua composição é água.

17 COMO ALGUNS SISTEMAS SE RELACIONAM

Você sabia que muitas substâncias que ingerimos podem ser detectadas na urina? Leia o trecho da reportagem a seguir.

> [...] Às vésperas de integrar a equipe brasileira da Copa Davis para enfrentar a Áustria, em 2007, o tenista brasileiro Marcelo Melo foi flagrado em exame *antidoping* que deu positivo para o uso da substância **isomenteteno**. O jogador alegou ter tomado um remédio para dor de cabeça que continha a substância e teve suspensão reduzida pela Federação Internacional de Tênis. [...]
>
> Top 8 – Os casos de *doping* mais inusitados do esporte. **UOL Esporte**.
> Disponível em: <https://esporte.uol.com.br/futebol/especiais/top5_dopinginusitado.jhtm>.
> Acesso em: 22 maio 2019.

Os exames *antidoping* acontecem logo depois das provas esportivas e servem para detectar se os atletas ingeriram substâncias estimulantes, calmantes, analgésicas (amenizam a dor) ou diuréticas (eliminam água do organismo). Essas substâncias podem oferecer vantagens em algumas modalidades esportivas, por isso o consumo delas é proibido. Por que o exame é feito a partir da coleta da urina dos atletas?

isomenteteno: substância que faz os vasos sanguíneos da cabeça ficarem mais estreitos. Em associação com outros componentes do medicamento, atua no controle da dor aguda.

Isso ocorre porque os sistemas do corpo humano atuam de forma integrada. Quando ingerimos água, alimento ou algum medicamento, essas substâncias passam pelo sistema digestório e são absorvidas principalmente pelos intestinos, passando a fazer parte do sangue.

É por meio do sistema cardiovascular que tais nutrientes, água, oxigênio, medicamentos e demais substâncias absorvidas pelo sistema digestório são distribuídos pelas células do corpo.

Os resíduos gerados pelo metabolismo das células são lançados no sangue. Assim, quando o sangue passa pelo sistema urinário, ele é filtrado pelos rins: os resíduos gerados e o excesso das demais substâncias passam a fazer parte da urina. Dessa maneira, compostos de medicamentos ingeridos também podem ser detectados na urina.

Atividades

1 Qual é o sistema do corpo humano responsável pela eliminação de substâncias nocivas ao organismo? Como essas substâncias são eliminadas?

2 Quais sistemas do corpo humano atuam em conjunto para utilizar nutrientes e gás oxigênio para obter energia?

3 Quais estruturas do sistema cardiovascular são responsáveis pela distribuição dos nutrientes no corpo humano?

4 Faça uma pesquisa: Por que o sangue é vermelho?

5 Depois de estudar a relação entre alguns sistemas do corpo humano, a que conclusões você chegou?

6 Você já fez exames de sangue? Por qual motivo?

18 O SISTEMA GENITAL

Você já sabe que nosso corpo é formado por muitas células.

Durante a puberdade, o corpo começa a produzir um tipo especial de células, cuja finalidade é a reprodução humana.

O ser humano se reproduz, isto é, dá origem a uma nova vida, pelo encontro das células reprodutoras masculina e feminina, o que pode acontecer em uma relação sexual entre um homem e uma mulher.

Sistema genital masculino

Observe o sistema genital do homem.

Cores fantasia.

Elementos não proporcionais entre si.

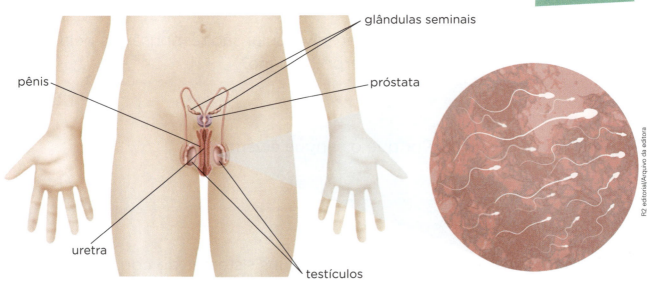

- Esquema representando o sistema genital masculino visto em transparência através do corpo. No detalhe, representação de espermatozoides se movimentando ao sair dos testículos.

Nesse sistema, os principais órgãos são os **testículos**, o **pênis** e a **uretra**.

Os testículos produzem os **espermatozoides**, que são as células reprodutoras masculinas. Saindo dos testículos, os espermatozoides deslocam-se pelo canal conhecido como uretra, de onde são lançados para fora pelo pênis.

Sistema genital feminino

Agora observe o sistema genital da mulher.

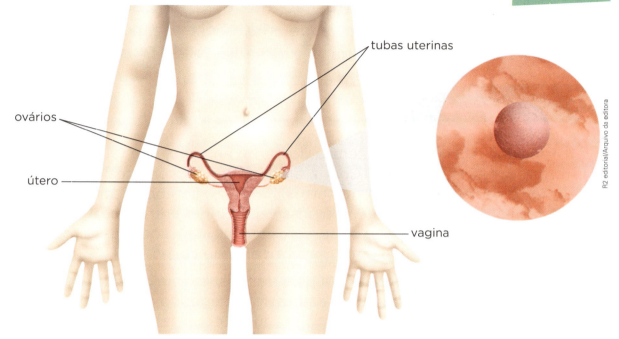

Cores fantasia.
Elementos não proporcionais entre si.

● Esquema representando o sistema genital feminino visto em transparência através do corpo. No detalhe, representação de ovócito II repousando na tuba uterina.

No sistema genital da mulher, os principais órgãos são os **ovários**, o **útero** e a **vagina**.

Os ovários são os órgãos que produzem as células reprodutoras femininas, os **ovócitos II**. Ao sair de um dos ovários, o ovócito II é levado para uma das tubas uterinas. Essa tuba, por sua vez, transporta o ovócito até o útero.

Em uma relação sexual, os espermatozoides podem ser depositados na vagina da mulher. Da vagina, eles sobem até o útero. Se um espermatozoide encontrar um ovócito II e penetrar nele, ocorrerá a **fecundação**.

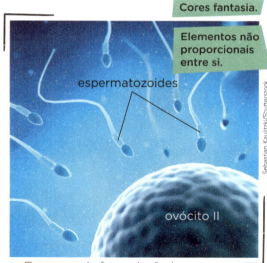

Cores fantasia.
Elementos não proporcionais entre si.

● Esquema da fecundação humana.

O ovócito fecundado se transforma em **célula-ovo** e se fixa no útero, que se prepara para recebê-lo. Ali a célula-ovo começa a desenvolver-se, formando o embrião, que dará origem ao novo bebê.

Se o ovócito não for fecundado, ou seja, se ele não se unir a um espermatozoide, não se fixará no útero. Nesse caso, o material formado pelo útero para receber o ovócito desprende-se e é eliminado, com o sangue, pela vagina. É a **menstruação**, que dura, aproximadamente, de três a cinco dias. O período que vai de uma menstruação a outra chama-se **ciclo menstrual**. Esse ciclo dura, em média, 28 dias.

Tecnologia para... explorar o corpo humano

Após conhecer alguns sistemas do corpo humano, que tal explorá-los de forma virtual e interativa? Com a ajuda do professor, acesse o *Zygote Body*, ferramenta disponível em: <https://www.zygotebody.com>. Acesso em: 15 mar. 2019. No *menu* lateral é possível escolher entre o corpo feminino ou masculino e, arrastando os cursores que existem sobre as miniaturas, deixar em evidência ou não determinada parte do corpo.

Arrastando o primeiro cursor, a pele transparece e é possível visualizar o sistema muscular, por exemplo. Ao arrastar o segundo cursor, você passa a enxergar o esqueleto, alguns vasos sanguíneos, partes do sistema respiratório, do sistema digestório, etc.

Você também consegue girar o corpo clicando sobre ele e arrastando o *mouse* ou aproximar e afastar a visualização por meio do botão de rolagem, conhecido como *scroll*.

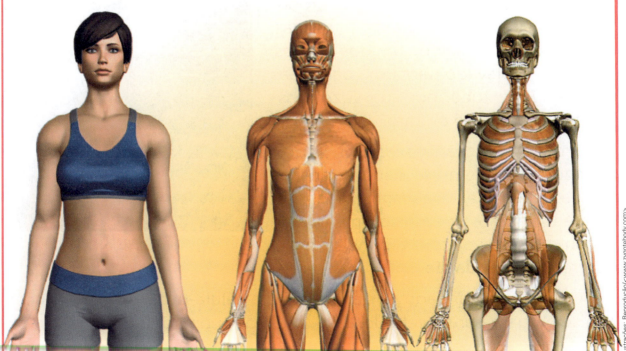

Cores fantasia.

Atividades

1 Complete as lacunas.

a) Os .... são os órgãos que produzem as células reprodutoras masculinas.

b) O .... é o órgão no qual se instala o óvulo fecundado.

c) A .... é o canal pelo qual os espermatozoides são lançados para fora do sistema genital masculino.

d) Os .... são os órgãos que produzem células reprodutoras femininas.

- Agora escreva, nas figuras correspondentes, o nome de cada estrutura descrita acima.

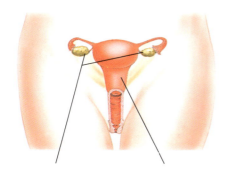 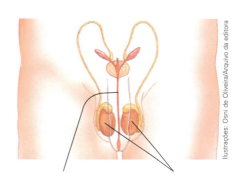

2 Complete a frase utilizando as palavras a seguir.

> mulher   fecundação   homem   união

Para a formação de um bebê, é necessário que aconteça a .... , que se dá mediante a .... do ovócito II da .... com o espermatozoide do ....

3 Já pensou em montar um pequeno guia do corpo humano? Faça a atividade **6** da página **17**, do **Caderno de criatividade e alegria** e consulte-o quando quiser.

O TEMA É...

Montanha-russa de emoções

É comum ouvir dizer que em certa fase da vida das pessoas há uma verdadeira montanha-russa de emoções. Você já ouviu falar em **puberdade**? É exatamente essa a fase em que ocorrem diversas mudanças no corpo das meninas e dos meninos e que causam também muita flutuação de humor.

Observe as fotos a seguir, converse com os colegas e responda: O que mudou nas pessoas ao longo das três imagens?

 Agora observe atentamente a foto ao lado. Reúna-se em grupo com mais três colegas e, juntos, respondam às questões a seguir.

1 Quantos anos vocês imaginam que as crianças da foto têm?

2 Por que vocês imaginam que elas têm essa idade?

3 Vocês veem alguma semelhança entre vocês e as crianças representadas na foto?

Alterações hormonais e outras mudanças

A puberdade é o período de transição entre infância e adolescência. Nessa etapa da vida acontecem muitas transformações físicas e psicológicas no menino e na menina. Entretanto, nem todos entram na puberdade com a mesma idade, pois cada indivíduo tem um ritmo próprio.

As principais mudanças que ocorrem nas meninas estão relacionadas às alterações hormonais do ciclo menstrual. Especialmente no primeiro ano depois da **menarca**, ou seja, da primeira menstruação, o ciclo é irregular até o completo desenvolvimento das funções de coordenação desempenhadas pelo eixo hipotálamo-hipófise-ovário. É muito importante a orientação de um médico endocrinologista ou ginecologista nessa fase.

Nos meninos, uma das alterações hormonais mais evidentes é na voz. A produção de testosterona aumenta e provoca transformações, como o crescimento da cartilagem localizada na laringe, onde ficam os músculos vocais que fazem parte da prega vocal, causando a mudança da voz.

Para meninas e meninos o formato do corpo vai adquirindo as formas do corpo de um adulto, mas isso ocorre em momentos diferentes para cada pessoa.

Elementos não proporcionais entre si.

Cores fantasia.

hipófise

glândulas suprarrenais

ovários

testículos

Foto: Edyta Pawlowska/Shutterstock.
Ilustração: Alila Medical Media/Shutterstock.

● Representação de órgãos do corpo humano com destaque para algumas glândulas endócrinas.

Converse com os colegas e o professor sobre as questões a seguir.

1 Quais são as mudanças comuns a meninos e meninas antes da adolescência?

2 Em grupos, montem um cartaz com o desenho do corpo e informações sobre as mudanças que ocorrem na puberdade e os cuidados com a saúde nessa fase da vida. Para tanto, os grupos poderão buscar imagens e informações complementares pesquisando em livros, em revistas e na internet.

19 SANEAMENTO BÁSICO

Tratamento e distribuição de água, rede e tratamento de esgoto e coleta e tratamento de lixo são serviços necessários para que a população de um local viva bem e tenha saúde.

Chamamos esses cuidados de **saneamento básico**.

O tratamento da água

A água retirada de rios e lagos contém microrganismos e impurezas que podem prejudicar a nossa saúde. Por isso, é importante que existam estações de tratamento de água.

Nessas estações, a água passa por um processo de purificação antes de chegar às torneiras de casas, hospitais, escolas e indústrias.

Ao chegar à estação de tratamento, a água é filtrada para depois receber cloro e outras substâncias que matam os microrganismos.

Depois de tratada, a água é distribuída à população por meio de canos. Entretanto, como esses canos também acumulam impurezas, é importante filtrar ou ferver a água antes de bebê-la.

Nos lugares em que não há estações de tratamento, a água precisa ser clorada ou fervida e filtrada.

● Estação de tratamento de água em São Paulo (SP), 2017.

A rede de esgotos

O esgoto, ou seja, os dejetos humanos (fezes, urina), os resíduos industriais e a água servida, isto é, que já foi utilizada, deve ser recolhido e passar por uma rede de esgoto e por uma estação de tratamento, para só depois ser lançado no ambiente.

- Estação de tratamento de esgoto em Barra do Garças (MT), 2019.

Se não for tratado, o esgoto pode contaminar as águas e o solo, causando doenças.

Em lugares onde não há rede de esgotos, devem ser construídas fossas para recolher os dejetos. Elas devem ficar em terrenos mais baixos e longe dos poços de água, para não os contaminar.

A coleta do lixo

Quando deixado ao ar livre, o lixo não só polui como também atrai animais que podem transmitir doenças.

O serviço de coleta recolhe o lixo em caminhões especiais e o leva para depósitos ou estações de tratamento.

O papel, o vidro e o metal podem ser reutilizados por indústrias, que os transformam no mesmo produto de origem. A reciclagem contribui para a diminuição da poluição e da contaminação do ambiente, assim como para a economia de recursos naturais.

- Grande parte do lixo, que é recolhido atualmente, poderia ser reciclada ou reaproveitada. Na imagem, lixeiras para coleta de lixo reciclável em Brasília (DF), 2018.

Sustentabilidade

O consumo crescente de energia e de elementos da natureza, como a água e os minerais, pode levar ao esgotamento dos recursos naturais em um futuro próximo. Os padrões atuais de consumo não poderão ser mantidos para que os limites de exploração dos recursos naturais sejam respeitados.

Com essa preocupação, no ano de 1972, aconteceu a Conferência das Nações Unidas sobre o Meio Ambiente Humano em Estocolmo, na Suécia. Nesse encontro surgiu a ideia de se criar um modelo de desenvolvimento capaz de suprir as necessidades da geração atual, mas garantindo a capacidade de atender às das gerações futuras. Esse modelo foi chamado de **desenvolvimento sustentável**.

Desde então, tem sido realizada uma série de encontros internacionais. Em 1983, por exemplo, a Comissão Mundial sobre Meio Ambiente e Desenvolvimento, criada pelas Nações Unidas para propor meios de integrar o desenvolvimento à conservação ambiental, lançou o relatório "O nosso futuro comum".

O relatório "O nosso futuro comum", publicado em 1987, ajudou a fortalecer e difundir o conceito de desenvolvimento sustentável.

O Brasil foi sede da "Conferência das Nações Unidas sobre Meio Ambiente e Desenvolvimento", conhecida por ECO-92 (1992), e da "Conferência das Nações Unidas sobre Desenvolvimento Sustentável", a Rio+20 (2012), ambas realizadas na cidade do Rio de Janeiro. Esses encontros reuniram representantes de vários países para conversar sobre o equilíbrio ambiental e para reconhecer o desenvolvimento sustentável como o grande desafio da sociedade atual.

A ECO-92 foi a primeira tentativa internacional de elaborar planos de ação e estratégias para minimizar a poluição do ar, a devastação de áreas verdes, a contaminação das águas, e reverter outras interferências danosas ao ambiente.

Além da preservação dos recursos naturais, o desenvolvimento sustentável também visa promover a melhoria das condições de vida das populações pobres, as políticas de saneamento, o incentivo à diversidade cultural, a justiça social e o combate à fome. Essas medidas também são consideradas importantes para garantir a qualidade de vida das futuras gerações.

E, quando se trata de preservar o ambiente, as ações de sustentabilidade devem priorizar a redução do uso de recursos naturais e de produtos, com o aumento da reutilização e da reciclagem.

Saiba mais

O que é *upcycling*

Apesar de não ser uma prática nova, já que é muito comum durante tempos economicamente incertos, nos últimos tempos o *upcycling* está na moda no universo sustentável. A técnica do *upcycling* consiste em, com criatividade, dar um novo e melhor propósito para um material que seria descartado sem degradar a qualidade e composição do material. Um item que passou pelo *upcycle* normalmente possui uma qualidade igual ou melhor que a de seu original.

A prática reduz a quantidade de resíduos produzidos que passariam anos em aterros sanitários. Além disso, o *upcycling* diminui a necessidade de exploração de matéria-prima para a geração de novos produtos. No caso do plástico, isso significa menos petróleo explorado, menos árvores derrubadas no caso da madeira e, no caso do metal, menos mineração. Isso tudo também conta com uma economia significante de água e energia, usadas tanto na exploração dos recursos naturais quanto na reciclagem, ainda que em menos quantidade nesse último caso. [...]

Além de ecologicamente correto, o *upcycling* [...] está despontando como uma excelente oportunidade de negócios. [...]. Há artesãos que fazem brincos e joias com cápsulas de café usadas, integrando o resíduo na Economia Criativa. [...]

Presente no Brasil desde 2010, a empresa americana TerraCycle, fundada em 2001, aposta no *upcycling* como via para a conservação do planeta e já coletou mais de três bilhões de resíduos em todo o mundo, utilizando-os para criar bolsas, guarda-chuvas, cadernos, entre outros produtos verdes. Todos os itens coletados pelo projeto são materiais que não teriam destinação adequada para reciclagem, ou seja, acabariam em lixões e aterros sanitários. [...]

Upcycling: qual o significado e como aderir à moda. *eCycle*.
Disponível em: <https://www.ecycle.com.br/77-upcycling-upcycle>. Acesso em: 22 maio 2019.

Atividades

1 Assinale **V** (verdadeiro) ou **F** (falso).

☐ Nas grandes cidades, não há necessidade de estações de tratamento de água.

☐ O esgoto recolhido pela rede de esgotos deve ser tratado e, só depois, lançado nos rios ou mares.

2 Converse com os colegas e o professor sobre:

a) Como é feito o tratamento de água nas estações?

b) Por que o esgoto precisa ser tratado?

3 Leia o texto.

Em algumas cidades do Brasil, a reciclagem do lixo é feita com a ajuda da população. Para tanto, na hora de jogar o lixo, as pessoas separam os materiais que podem ser reaproveitados pelas indústrias. Depois, o serviço público faz a coleta seletiva, ou seja, recolhe o lixo separado e o encaminha para as cooperativas e usinas de reciclagem.

● Usina de reciclagem em Arraial do Cabo (RJ), 2018.

Luciana Whitaker/Pulsar Imagens

 Faça uma pesquisa sobre consumo consciente. Depois, leia suas conclusões para os colegas.

4 Você conhece alguns problemas ambientais causados pelas sacolas plásticas? Descubra na atividade **8** da página **26**, do **Caderno de criatividade e alegria**. Em seguida, conheça a reciclagem do papel com a atividade **9**, da página **27**.

20 AS DOENÇAS

Não sentir disposição para estudar, trabalhar ou realizar qualquer outro tipo de atividade pode ser um sinal de doença.

Algumas doenças são passageiras e não causam maiores danos. Outras, porém, podem ter consequências graves.

Bactérias, fungos, protozoários e vírus podem causar doenças. A gripe, o sarampo, a caxumba, a catapora, a cólera e a aids são alguns exemplos delas.

Outros seres vivos maiores, que podem ser vistos a olho nu, também podem provocar doenças. É o caso do piolho, do carrapato e dos vermes.

Imagem ampliada cerca de mil vezes. Colorida artificialmente.

● As estruturas verdes são protozoários (giárdias) vistos ao microscópio eletrônico.

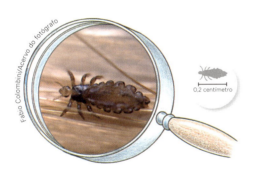

● Piolho sobre fios de cabelo (ampliado com lupa).

● Carrapato (ampliado com lupa).

Os seres vivos causadores de doenças são **parasitas**, pois vivem no corpo humano ou no corpo de outros animais, prejudicando-os, retirando deles o alimento de que necessitam para viver.

Ter boa alimentação e bons hábitos de higiene possibilita ao organismo criar defesas naturais – os **anticorpos** –, que evitam muitas doenças.

As vacinas também são importantes, pois aumentam as defesas do organismo contra determinadas doenças. A maior parte das vacinas é tomada na infância.

Doenças causadas por microrganismos

Dengue, zika e chikungunya

A dengue é uma doença causada por um vírus. Esse vírus é transmitido pelo mosquito *Aedes aegypti*, que também é o transmissor da zika e chikungunya.

Ao picar uma pessoa com dengue, o mosquito contrai o vírus. Depois, transmite-o para outras pessoas que forem picadas por ele.

Os principais sintomas da dengue são: febre alta, dor de cabeça e no corpo, enjoos e manchas avermelhadas na pele.

A fêmea do mosquito deposita seus ovos em água limpa e parada. Assim, alguns cuidados que podemos tomar para evitar a dengue são:

- não deixar latas e garrafas abertas, pneus velhos, vasos e outros recipientes que propiciem acúmulo de água limpa;
- manter a caixa de água sempre fechada.

- A maioria dos criadouros do mosquito da dengue é doméstica. Por isso, devemos adotar as medidas indicadas no cartaz para evitar o acúmulo de água parada e limpa.

Cólera

O vibrião colérico é a bactéria causadora da cólera. A doença é transmitida por meio da água ou de alimentos contaminados por esse vibrião.

A pessoa atingida pela cólera tem diarreia forte, dores no corpo todo, mas principalmente na região abdominal, e fica desidratada rapidamente.

Cuidados para evitar a doença:
- beber água potável;
- evitar alimentos crus, principalmente peixe;
- lavar frutas, legumes e verduras e deixá-los, por algum tempo, de molho em água com cloro.

Imagem ampliada cerca de [1300] vezes. Colorida artificialmente.

● Vibriões da cólera vistos em microscópio eletrônico.

Leptospirose

É uma doença causada pela bactéria *Leptospira* e é transmitida ao ser humano pela urina contaminada de ratos, ratazanas e camundongos.

São sintomas da doença: dor de cabeça, dor muscular, febre e mal-estar. Nos casos mais graves podem aparecer sintomas como **icterícia** e manifestações hemorrágicas.

Alguns cuidados para prevenir a doença:
- permanecer o menor tempo possível em contato com águas de enchentes e, de preferência, proteger mãos e pés com luvas e botas;
- se houver roedores no quintal ou mesmo dentro da residência, todos os alimentos devem ser guardados em recipientes fechados ou no refrigerador. É importante evitar deixá-los em local aberto, pois alimentos e água contaminados, se ingeridos, também transmitem a doença.

icterícia: manchas amareladas na pele.

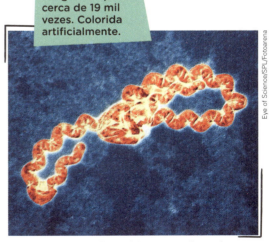

Imagem ampliada cerca de 19 mil vezes. Colorida artificialmente.

● *Leptospira*, a bactéria causadora da leptospirose.

Aids

A aids é causada por um vírus – o HIV – que destrói as células de defesa do sangue, importantes na produção de anticorpos que protegem o organismo.

A doença pode ser adquirida em uma relação sexual praticada sem preservativo (camisinha), se um dos parceiros estiver contaminado.

Pode-se também contrair aids pelo uso de seringas ou agulhas contaminadas e por transfusão de sangue contaminado.

Caso a mãe tenha contraído o vírus HIV, ele pode ser transmitido ao filho durante a gravidez. É fundamental que toda gestante faça o teste que identifica o vírus HIV, para que, em caso positivo, ela possa receber o tratamento adequado para evitar a transmissão para o filho.

São sintomas da doença: cansaço constante; emagrecimento rápido; falta de resistência a infecções, o que faz com que o doente contraia outras doenças com maior facilidade.

Cuidados para evitar a doença:
- nas transfusões, usar somente sangue testado e aprovado;
- utilizar agulhas e seringas descartáveis;
- usar preservativo (camisinha) nas relações sexuais.

A aids é uma doença muito grave. Apesar dos esforços dos pesquisadores, até o momento não foi encontrada uma vacina para evitá-la nem um remédio capaz de curá-la. O que se pode fazer, por ora, é prevenir-se contra a doença, tomando os cuidados mencionados acima.

Os portadores do vírus HIV devem ser tratados com um conjunto de medicamentos específicos, que procuram impedir a multiplicação do vírus no corpo. No Brasil, esses medicamentos são distribuídos gratuitamente aos pacientes.

● Célula humana infectada pelo vírus HIV (em rosa), vista ao microscópio eletrônico.

Imagem ampliada cerca de 12 mil vezes. Colorida artificialmente.

Atividades

1 Complete as lacunas com o nome das doenças descritas.

a) A .... é a doença causada pelo vibrião colérico.

b) A .... é uma doença que pode ser transmitida pela urina de roedores.

c) A .... é uma doença transmitida pelo mosquito *Aedes aegypti*.

2 Leia o texto a seguir.

[...] A leptospirose é transmitida durante as enchentes, a urina dos ratos, presente nos esgotos e bueiros, mistura-se à enxurrada e à lama. Qualquer pessoa que tiver contato com a água ou lama pode infectar-se. As leptospiras penetram no corpo pela pele, principalmente por arranhões ou ferimentos, e também pela pele íntegra, imersa por longos períodos na água ou lama contaminada. O contato com esgotos, lagoas, rios e terrenos baldios também pode propiciar a infecção.

Veterinários e tratadores de animais podem adquirir a doença pelo contato com a urina, sangue, tecidos e órgãos de animais infectados. [...]

Leptospirose: o que é, causas, sintomas, tratamento, diagnóstico e prevenção. **Ministério da Saúde**. Disponível em: <http://portalms.saude.gov.br/saude-de-a-z/leptospirose>. Acesso em: 22 maio 2019.

- Agora, responda: O que pode ser feito para evitar a leptospirose?

....
....
....
....

3 Apesar dos avanços científicos, a aids ainda não tem cura. Então, qual é a melhor maneira de combater essa doença? Converse com os colegas e o professor sobre o assunto e registre suas observações no caderno.

Doenças causadas por vermes

Os vermes parasitas do ser humano instalam-se principalmente nos intestinos e são os causadores das **verminoses**.

Se não forem tratadas, as pessoas afetadas por essas doenças ficam fracas, sem ânimo para estudar ou trabalhar.

Conheça a seguir algumas verminoses.

Ancilostomíase ou amarelão

O agente causador é o **ancilóstomo**, que se instala no intestino.

Adquire-se a doença quando os ovos desse verme, que ficam no solo, dão origem às larvas que penetram no corpo através da pele, principalmente da sola dos pés.

A vítima do amarelão fica com anemia e com a pele amarelada.

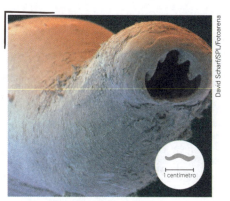

● Ancilóstomo, o causador da ancilostomíase. Imagem colorida artificialmente.

Para evitar a doença, deve-se construir fossas nas casas, caso não haja rede de esgoto, e fazer campanhas de esclarecimento aos habitantes de zonas rurais, para que não evacuem no solo e andem sempre calçados.

Ascaridíase

Áscaris ou **lombriga** é o nome do parasita que causa a ascaridíase. Quando adulto, o verme, que se instala no intestino humano, mede de 20 a 40 centímetros de comprimento e 0,5 centímetro de largura.

Os ovos de lombriga podem contaminar a água e também os alimentos que forem regados com ela. Ao beber água não tratada ou comer verduras mal lavadas, a pessoa pode ingerir os ovos do verme.

● Vermes causadores de ascaridíase.

A pessoa com áscaris sente dores de cabeça e fica enfraquecida. Nas crianças, é comum observar aumento do abdome.

Para evitar a doença, deve-se lavar as mãos e os alimentos que serão ingeridos crus, tomar água filtrada, clorada ou fervida.

Esquistossomose ou barriga-d'água

O agente causador da doença é o **esquistossomo**, verme que se instala principalmente no fígado. A doença é adquirida quando as fezes de uma pessoa, contendo ovos do verme, são lançadas no solo ou na água. Desses ovos saem larvas que se instalam em alguns tipos de caramujo que vivem na água. Depois que se desenvolvem, as larvas saem dos caramujos e penetram através da pele de pessoas que entram em contato com a água contaminada.

Os sintomas mais evidentes são diarreia e aumento do abdome.

Alguns cuidados preventivos são: não defecar no solo ou na água e não tomar banho em águas que podem estar contaminadas.

Oxiurose ou enterobíase

O **oxiúro**, agente causador dessa doença, contamina o organismo humano quando se bebe água ou se ingere alimentos com seus ovos, ou quando se colocam na boca mãos sujas de poeira contaminada.

A pessoa doente sente dores no abdome e coceira no ânus.

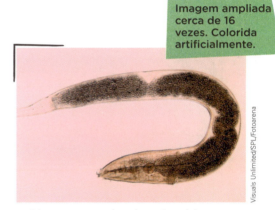

Imagem ampliada cerca de 16 vezes. Colorida artificialmente.

● Verme causador da enterobíase.

Para evitar a enterobíase, deve-se manter bons hábitos de higiene pessoal e lavar bem os alimentos.

Teníase

Tênia ou **solitária** é o nome do verme que se instala no intestino, causando a teníase.

Esse verme é transmitido ao ser humano por meio da carne de boi ou de porco malcozida.

A teníase causa diarreia, enjoo, fraqueza, insônia e emagrecimento. Para prevenir a doença, não se deve defecar no solo ou na água e é aconselhável cozinhar bem a carne antes de comê-la.

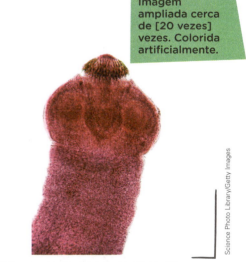

Imagem ampliada cerca de [20 vezes] vezes. Colorida artificialmente.

● Verme causador da teníase. Ele pode chegar a 10 metros de comprimento.

Atividades

1 Complete o quadro.

Verminose	Cuidados para evitar a doença
....	Andar calçado.
ascaridíase	....
....	Não defecar no solo, não tomar banho em água que pode estar contaminada.
oxiurose	....
....	Cozinhar bem a carne antes de comê-la.

2 Assinale com um **X** as opções corretas.

a) A ascaridíase é uma verminose causada:

☐ pela lombriga. ☐ pela solitária. ☐ pelo oxiúro.

b) Uma pessoa descalça em solo contaminado pode adquirir:

☐ oxiurose. ☐ amarelão. ☐ esquistossomose.

c) Carne de boi ou de porco malcozida pode transmitir:

☐ teníase. ☐ ascaridíase. ☐ esquistossomose.

21 PRIMEIROS SOCORROS

Quando ocorre um acidente, às vezes, é necessário tomar medidas imediatas antes da chegada da ajuda médica. Saiba como proceder nas ocorrências a seguir.

Sangramento

Se um corte na pele atingir um vaso sanguíneo, pode provocar um sangramento. Quando isso acontece, deve-se colocar gaze ou pano limpo sobre o ferimento, pressionando-o com as mãos de modo a impedir a saída do sangue.

No sangramento nasal, deve-se sentar a pessoa um pouco inclinada para a frente, a fim de que o sangue não escorra para a garganta, e apertar suas narinas com as pontas dos dedos, por alguns minutos.

Se o sangramento não parar, será necessário procurar socorro médico.

Queimadura

Nas queimaduras mais simples, deve-se apenas lavar o local com água fria. Se a queimadura for grave, é necessário levar a vítima imediatamente ao médico.

Não se deve colocar manteiga, banha ou óleo nas queimaduras nem furar as bolhas, pois isso poderá piorar o ferimento e até mesmo provocar infecção.

Fratura

Quando há suspeita de que uma pessoa tenha sofrido uma fratura óssea, deve-se chamar a ambulância de um hospital próximo ou o corpo de bombeiros.

Nas fraturas de coluna vertebral, costelas, crânio, pescoço e bacia, a pessoa só deve ser removida do local do acidente por profissionais de saúde.

Ferimento

Em casos de ferimento na pele, deve-se lavar o local afetado com água e sabão ou soro fisiológico.

Nos ferimentos mais graves, como cortes profundos, a vítima precisa ser levada ao médico.

Choque elétrico

Para socorrer uma vítima de choque elétrico, é necessário, antes de mais nada, desligar a chave geral de eletricidade.

Se a pessoa estiver grudada ao fio elétrico, não se deve tocar nela, e sim afastá-la com um isolante qualquer, como um pedaço de madeira ou borracha. Depois, deve-se chamar um médico para socorrê-la.

Picada de inseto e envenenamento

Quando uma pessoa é picada por um inseto, deve-se retirar o ferrão somente se ele estiver visível. Depois, deve-se lavar o local com água e sabão.

No caso de envenenamento por animais peçonhentos, plantas tóxicas ou produtos químicos, a vítima deve ser levada imediatamente ao pronto-socorro mais próximo.

Desmaio

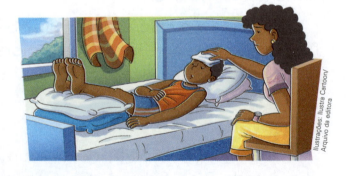

Quando uma pessoa desmaia, a primeira providência é deitá-la e elevar um pouco suas pernas. Em seguida, umedecer seu rosto com um pano molhado em água fria.

É importante também que a pessoa seja levada para um local arejado. Se ela não melhorar, é necessário chamar um médico.

Observação: Tenha sempre em mente que as pessoas mais indicadas para prestar socorro são os adultos, e não as crianças. Em casos de emergência, tente avisar alguém mais velho, antes de tomar qualquer medida sozinho.

Atividades

1 Os acidentes podem ocorrer em qualquer lugar. Escreva quais são, em sua opinião, os cuidados mais importantes para evitar acidentes:

a) em casa:

....
....

b) na escola:

....
....

c) na rua:

....
....

2 Com a orientação do professor, converse com os colegas e combinem uma demonstração prática de como prestar socorro a uma vítima de:

a) fratura no antebraço;　　**c)** ferimentos na pele.

b) queimadura simples;

3 Com os colegas, faça uma pesquisa para descobrir quais são os acidentes domésticos mais comuns na região onde vocês moram. Para obter as informações, organizados em grupos, vocês podem entrevistar médicos, enfermeiros e funcionários de prontos-socorros. Tragam os resultados para a classe. Troquem ideias e tentem identificar as possíveis causas dos acidentes. Deem sugestões de como eles podem ser evitados.

UNIDADE 4
MATÉRIA E ENERGIA

Entre nesta roda

- O que está acontecendo na cena retratada? Você já visitou ou participou de uma feira como essa?
- Em sua opinião, o que fez o carrinho se mover e emitir sons?
- Como você explicaria o pequeno prego ocupando um menor espaço na balança, porém pesando a mesma coisa que a porção de algodão?

Nesta Unidade vamos estudar...

- Matéria
- Energia
- Calor
- Combustão
- Eletricidade
- Magnetismo

22 MATÉRIA

Será que você consegue colocar um caderno e um livro no mesmo espaço ao mesmo tempo?

Tudo aquilo que tem massa e ocupa lugar no espaço é formado por **matéria**. Os planetas, as estrelas, as plantas, o solo, a água, o ar e os animais são exemplos de corpos formados por matéria.

Como você deve ter notado, o caderno e o livro – objetos formados por matéria – não podem ocupar o mesmo espaço ao mesmo tempo.

Os estados físicos da matéria

A matéria que compõe os corpos é feita de uma ou mais substâncias.

O gelo, por exemplo, é feito da substância água. As substâncias que formam os corpos podem ser encontradas em três estados físicos: **sólido**, **líquido** e **gasoso**.

A matéria no estado sólido tem forma e volume definidos.

A matéria no estado líquido tem volume definido, mas não tem forma definida. Quando colocada em um recipiente, ela adquire a forma desse objeto.

A matéria no estado gasoso não tem forma nem volume definidos. Assim, ela pode tomar a forma do recipiente em que está contida, para o caso de recipientes fechados, ou se dispersar no ambiente, para o caso de recipientes abertos. Além disso, os gases são altamente **compressíveis**.

compressíveis: capazes de diminuir de volume quando comprimidos.

Elementos não proporcionais entre si.

- A madeira do brinquedo está no estado sólido.
- O azeite e o vinagre contidos nas jarras estão no estado líquido.
- O gás que enche os balões está no estado gasoso.

A transformação da matéria

O ser humano, de acordo com suas necessidades, foi percebendo que, com o uso de energia, certos objetos podiam sofrer modificações e formar outros tipos de material.

As transformações da matéria podem ser físicas e químicas. As transformações físicas não alteram o tipo da matéria: chumbo derretido ou fundido, por exemplo, continua sendo chumbo, e gelo derretido continua sendo água. Já nas transformações químicas, novas substâncias são criadas: ao deixar uma barra de ferro exposta ao ar e à chuva, por exemplo, depois de um tempo a barra enferruja. Nesse processo, o ferro em contato com o oxigênio do ar dá origem à ferrugem, ou óxido férrico.

Outros exemplos:

- com o calor do forno, transformamos um conjunto de materiais (ingredientes), como farinha, manteiga, ovos, óleo e açúcar, em bolo;
- latão é formado pela mistura de dois metais: o cobre e o zinco;

▶ Cobre. ▶ Zinco. ▶ Chaleira feita de latão.

- a moeda de 1 real é formada pela mistura de ferro e carbono (carvão puro), revestido de bronze, entre outros elementos.

Pensando, pesquisando e experimentando, o ser humano aprendeu a produzir novos tipos de material.

A partir da madeira, por exemplo, produzimos papel. A partir do ferro, obtemos o aço. A partir de areia e outros componentes, é possível produzir o vidro. E há matérias-primas, como o petróleo, que são a base para muitos produtos: o plástico é um deles.

▶ Moeda de 1 real.

▶ Exemplos de materiais produzidos pelo ser humano.

Propriedades da matéria

Tudo aquilo que é formado por matéria apresenta algumas características e propriedades em comum. Observe a foto a seguir.

● Cobrança de pênalti.

Na imagem acima, a bola está parada e só entrará em movimento no momento em que uma força agir sobre ela; no caso, quando for impulsionada pela jogadora que a chutará. Em seguida, a bola entrará em movimento e demorará algum tempo até parar de novo.

Da mesma forma, depois de chutada, a bola vai se movimentar até que outra força a faça parar.

> Qualquer corpo, esteja ele em **repouso** ou em movimento, tende a permanecer da forma como está: se está parado, tende a ficar sem se movimentar; se está em movimento, só vai parar ou mudar de direção se uma força agir sobre ele. Essa característica da matéria se chama **inércia**.

repouso: dizemos que um objeto está em repouso quando, em relação a um ponto de referência, sua posição não muda ao longo do tempo. Em um carro, por exemplo, o motorista e o passageiro estão em repouso um em relação ao outro; no entanto, em relação a uma árvore, eles estão em movimento.

Imagine essa outra situação: é mais fácil empurrar um armário cheio, com 40 kg de massa, ou um armário vazio, de 20 kg?

É claro que empurrar um armário vazio, com massa menor, é mais fácil, porque é necessário empregar menos força para tirá-lo do repouso. Podemos definir, assim, que massa é a medida da inércia de um corpo: quanto menor sua massa, menor será sua inércia.

Como você já viu, toda matéria ocupa um lugar no espaço. Essa característica recebe o nome de **extensão**. Seu corpo, por exemplo, tem a extensão do espaço que você ocupa.

O volume mede a extensão de um corpo. Veja:

- Praticamente todo o volume da caixa foi preenchido pelos objetos coloridos.

Você já sabe que tudo o que é formado por matéria tem a propriedade de atrair e ser atraído por outros corpos formados por matéria. Quanto maior a massa de um corpo, maior será sua força gravitacional.

A Terra tem uma força gravitacional muito grande, capaz de atrair e manter outros corpos em sua superfície. Por isso, quando soltamos uma bola no ar, ela cai no chão, em vez de sair flutuando. A força com que cada corpo é puxado para baixo é chamada **peso**. Sem a gravidade, os corpos não teriam peso. Quanto maior a massa de um objeto, maior o seu peso.

Substâncias puras e misturas

Os materiais (que são feitos de matéria) têm características próprias. Aqueles que apresentam sempre as mesmas características, como a água pura, são **substâncias puras**. Já os materiais formados por duas ou mais substâncias são chamados de **misturas**. A água dos rios, que contém diversas substâncias, é um exemplo de mistura. As características dessa água podem variar dependendo da quantidade de cada um dos componentes que a constituem.

VOCÊ EM AÇÃO

Abajur de lava

Você já viu um abajur de lava? Dentro dele podemos ver dois líquidos (um deles é a água) que não se misturam. Isso acontece porque o líquido colorido, que forma bolhas, é uma substância menos pesada do que a água, e é isso que dá esse efeito ao abajur de lava.

A proposta desta atividade é construir um objeto com efeito semelhante ao dos abajures de lava.

● Sequência mostrando um mesmo abajur com a "lava" em diferentes posições.

Material

- água
- 1 (uma) colher de sopa
- corante utilizado para colorir alimentos
- 1 (um) recipiente incolor de vidro
- óleo vegetal
- sal

Procedimentos

> **Atenção**: faça com a ajuda de um adulto.

1 Coloque água até a metade do recipiente. Em seguida acrescente quatro colheres de óleo vegetal na água e aguarde alguns segundos.

2 Quando o óleo vegetal parar de formar bolhas, pingue algumas gotas de corante.

3 Coloque sal no recipiente aos poucos. Você pode colocar a quantidade que quiser de sal.

Observação e conclusão

- O que você observou após despejar o óleo vegetal na água?

  ....
  ....
  ....

- O que você observou após despejar sal na solução?

  ....
  ....
  ....
  ....

Atividades

1 Quanto mais um corpo resiste a mudar sua condição de repouso ou de movimento, maior é sua inércia. Em qual dos objetos abaixo a inércia é maior? Por quê?

☐ bola de chumbo   ☐ balão de festa

2 Você já deve ter observado que podemos perceber a inércia em praticamente tudo o que fazemos. Converse com os colegas e professor, e responda: Por que é importante usar o cinto de segurança nos automóveis?

3 Classifique os materiais a seguir em mistura ou substância pura.

| ar | água | ferro | solo |

Mistura	Substância pura

4 Agora que você já sabe identificar os estados físicos da matéria, faça a atividade **7** da página **25** do **Caderno de criatividade e alegria**.

23 ENERGIA

É difícil definir energia, pois ela não pode ser vista nem tocada. Sabemos de sua existência pelos seus efeitos, pelo seu poder de ação.

A energia possibilita o fornecimento de calor ou movimento. Os físicos a definem como a capacidade de realizar trabalho. Tudo o que acontece no mundo depende de energia. Para lançar um foguete, mover um carro ou nos movimentar e brincar, por exemplo, é necessário energia.

Matéria e energia compõem tudo o que conhecemos no Universo.

● A energia de que o ser humano precisa vem basicamente da alimentação.

● A energia de que o foguete precisa para ser lançado vem da queima de combustível.

Tipos de energia

Existem muitas formas de energia: a energia **luminosa** e a energia **térmica** são alguns exemplos.

Antigamente, o ser humano utilizava poucas fontes de energia: a energia **mecânica**, obtida da tração animal, e a energia do Sol são alguns exemplos.

Com o passar do tempo, ele percebeu que havia na natureza outras formas de energia que podiam ser modificadas para facilitar a realização das tarefas e tornar a vida mais confortável.

O ser humano foi, então, aprendendo a transformar a energia dos ventos (**eólica**), da água (**hidrelétrica**) e do Sol (**solar**) para obter luz e calor e produzir movimento. Com o tempo, também desenvolveu equipamentos que transformam um tipo de energia em outro. As energias associadas à água e ao vento, por exemplo, podem ser convertidas em energia **elétrica**.

- Usina eólica na praia de Mundaú, em Trairi (CE), 2017. A movimentação das hélices da turbina eólica gera energia elétrica.

- Vista aérea noturna da cidade de Assis (SP), 2017. A energia elétrica é transformada em energia luminosa para manter as lâmpadas da cidade acesas durante a noite.

- Usina hidrelétrica de Itaipu, em Foz do Iguaçu (PR), 2018. A energia hidrelétrica é o aproveitamento da força da água dos rios para gerar energia elétrica.

Saiba mais

Energia química

Você já sabe que nosso corpo retira dos alimentos a energia necessária para realizar suas atividades. Por meio de reações químicas, ou seja, transformações de um tipo de matéria em outro, nosso corpo obtém a energia contida nos alimentos. A esse tipo de energia chamamos de **energia química**.

Atividades

1 Existem muitos tipos de energia. Complete as legendas com o tipo de energia que está sendo usado em cada cena.

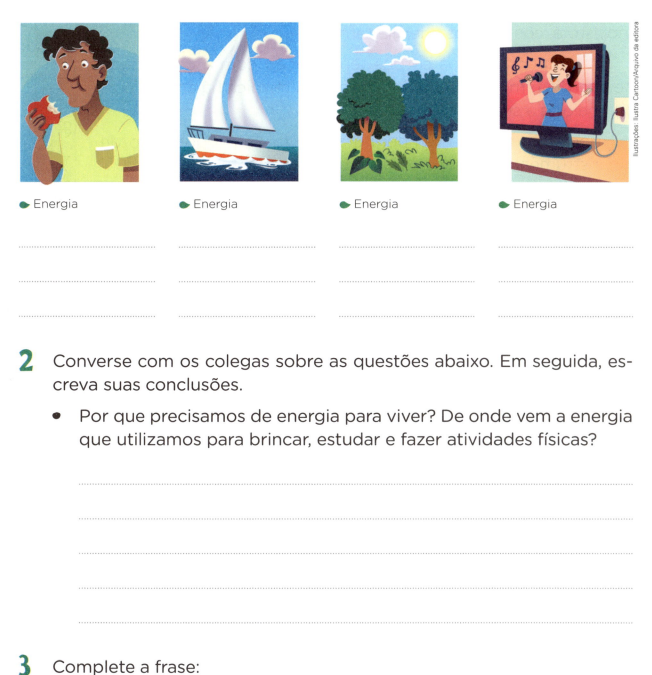

- Energia
....
....
....

- Energia
....
....
....

- Energia
....
....
....

- Energia
....
....
....

2 Converse com os colegas sobre as questões abaixo. Em seguida, escreva suas conclusões.

- Por que precisamos de energia para viver? De onde vem a energia que utilizamos para brincar, estudar e fazer atividades físicas?

....
....
....
....
....

3 Complete a frase:

Felipe anda de *skate* na praça. Ele gasta a .... que seu corpo absorveu dos .... que comeu.

24 ENERGIA TÉRMICA

O calor é a energia térmica que passa de um corpo mais quente, ou seja, com mais energia térmica, para um corpo mais frio, isto é, com menos energia térmica.

A temperatura dos corpos tem relação com a quantidade de energia térmica. Quanto mais energia térmica há em um corpo, maior é a sua temperatura.

Podemos medir a temperatura de um corpo por meio de um instrumento conhecido como **termômetro**.

O Sol é a mais importante fonte natural de calor de nosso planeta. Sem ele, não haveria vida na Terra.

Os objetos expostos ao sol se aquecem porque estão recebendo calor. Existem materiais que se aquecem com mais rapidez, como o ferro, o alumínio, o cobre e o zinco. Eles são chamados **bons condutores de calor**.

Os materiais que demoram mais tempo para se aquecer, como a madeira, o vidro, o isopor, o plástico e a cortiça, são considerados **maus condutores de calor**.

● Termômetro clínico marcando aproximadamente 36,5 °C.

Efeitos do calor

A variação da energia térmica pode provocar alguns efeitos nos corpos:

- **Variação de temperatura** – a temperatura é a medida do estado de aquecimento de um corpo. O aumento da energia térmica eleva a temperatura, e a redução da energia térmica reduz a temperatura.

- **Mudança de estado** – com a variação de temperatura, algumas substâncias ou misturas podem mudar de estado físico. Por exemplo: a 100 °C, a água passa do estado líquido para o gasoso.

- **Dilatação** – há corpos que, mediante a variação de temperatura, dilatam-se, isto é, aumentam de volume.

Atividades

1 Complete as frases com as palavras do quadro.

> estado   dilatar   temperatura   sólido

a) Em razão da variação de ...., a água na natureza pode mudar de .... físico.

b) Os trilhos de uma estrada de ferro estão no estado .... Por isso, eles têm entre si um espaço para poder se .... quando aquecidos.

2 Em muitos lugares são utilizados copos ou recipientes de isopor para transporte de café, sorvete ou açaí. Por que o uso do isopor é apropriado nesses casos?

....

....

....

....

3 Eduardo fez um ensopado de legumes em uma panela de alumínio com cabo de madeira. Observe a cena e responda:

- Por que Eduardo consegue pegar a panela sem se queimar?

....

....

4 Converse com os colegas e o professor: Por que usamos cobertor quando sentimos frio?

VOCÊ EM AÇÃO

Como funciona um termômetro

Que tal construir um termômetro utilizando água em diferentes temperaturas?

> Tenha cuidado ao manusear copos de vidro e água quente. E não brinque com o prego. Você pode se ferir!

Material

- água em temperatura ambiente
- água bem gelada
- água bem quente
- 3 (três) canudos grossos
- corante para alimentos
- 3 (três) copos de vidro
- massa de modelar
- 1 (um) prego
- 1 (um) recipiente plástico
- 3 (três) tubos de ensaio com tampa de rolha

Procedimentos

1. Peça a um adulto que, com o prego, faça um furo em cada rolha. Introduza os canudos nesses furos e tampe os tubos de ensaio.

2. Para vedar, passe massa de modelar ao redor dos canudos e das rolhas.

3. Coloque um pouco de água em temperatura ambiente no recipiente plástico e misture-a com algumas gotas do corante.

4. Coloque a água colorida dentro dos tubos através dos canudos. A água deve subir até a metade de cada canudo. Marque com uma caneta o nível da água nos três tubos.

5 Coloque os tubos de ensaio (eles são os modelos de termômetro) dentro dos copos.

Atenção: faça com a ajuda de um adulto.

6 Com a ajuda de um adulto, despeje no primeiro copo a água bem gelada; no segundo, a água bem quente; e, no terceiro, a água em temperatura ambiente.

7 Observe o que acontece com o nível da água nos três tubos.

Observação e conclusão

Agora, registre o que aconteceu:

- no tubo com água gelada:

  ....

  ....

- no tubo com água quente:

  ....

  ....

- no tubo com água em temperatura ambiente:

  ....

  ....

Com base nessas observações, o que você conclui?

....

....

....

25 COMBUSTÃO

Há milhares de anos, o ser humano percebeu que, esfregando uma pedra contra outra, provocava o aparecimento de faíscas, que, se próximas a folhas secas e galhos, produziam uma chama. Provavelmente, foi assim que descobriu um modo de produzir fogo.

Antes dessa descoberta, as pessoas só conheciam o fogo pelos incêndios causados por raios que caíam sobre as florestas.

Com o tempo, foram sendo descobertos outros materiais capazes de produzir fogo.

O fogo é o resultado da **combustão**, que é um fenômeno que ocorre quando um corpo queima produzindo calor e, por vezes, luz.

Para que haja combustão, são necessários três elementos: combustível, comburente e calor inicial.

Combustível: é a substância que queima. Os combustíveis podem ser:

- sólidos: madeira, palha, papel, etc.;
- líquidos: etanol, gasolina, querosene, etc.;
- gasosos: gás de cozinha e outros gases.

● A madeira é um tipo de combustível.

Comburente: é a substância que alimenta a combustão. O oxigênio do ar é um comburente natural. Sem ele, não há queima.

● A vela se apaga quando o oxigênio dentro do copo acaba.

Calor inicial: é o calor necessário para iniciar a combustão. Exemplos: faísca e ignição de motores.

Em nosso dia a dia, a combustão é utilizada de várias maneiras: no cozimento de alimentos; em motores de automóveis, pela combustão de gasolina, do óleo *diesel* ou do álcool; nas máquinas a vapor; nos fornos de indústrias e em muitas outras situações.

● Símbolo que indica a presença de substâncias inflamáveis.

Combustíveis como o etanol, a gasolina, o querosene e o gás de cozinha pegam fogo com facilidade e podem até explodir. Por isso, são chamados **combustíveis inflamáveis**. Veja alguns cuidados importantes relacionados à combustão:

- Cuidar para que os combustíveis fiquem guardados em locais seguros, protegidos do fogo.
- Nunca acender fósforos perto de álcool, gasolina ou outro combustível.
- Ficar atento ao gás usado em casa. Ao menor sinal de vazamento, chamar a atenção de um adulto para providenciar conserto imediato.
- Não brincar com fogos de artifício nem soltar balões.

Atividades

1 Marque com um **X** os quadrinhos que indicam atitudes importantes para evitar acidentes com a combustão.

☐ Não guardar frascos de álcool próximos ao fogão.

☐ Soltar balões nas festas de São João.

☐ Não acender fósforos perto de combustíveis.

☐ Esquecer de fechar a válvula de gás do fogão.

2 Classifique os combustíveis de acordo com a legenda.

| **1** sólido | **2** líquido | **3** gasoso |

☐ querosene   ☐ madeira   ☐ gasolina
☐ etanol   ☐ papel   ☐ gás de cozinha

3 Responda:

a) O que é combustão?

....

....

b) O que é necessário para haver combustão?

....

....

4 Além de poder ser transformada em energia elétrica, a energia solar pode ajudar a cozinhar os alimentos. Que tal construir um modelo de "fogão solar"? Faça a atividade **10** da página **28** do **Caderno de criatividade e alegria**.

Combustíveis fósseis

Combustíveis fósseis, como o petróleo, o carvão mineral e o gás natural, são formados a partir da decomposição de resíduos orgânicos, como plantas e animais. Como o processo de formação desses combustíveis pode levar milhões de anos, eles são considerados **não renováveis**, ou seja, em algum momento podem acabar.

O uso dos combustíveis fósseis costuma causar impactos negativos no meio ambiente, pois geram muita poluição atmosférica. Mesmo assim, de acordo com dados da Agência Internacional de Energia (AIE), em 2016, cerca de 80% de todo o combustível produzido no mundo é de origem fóssil.

Biocombustíveis

Os biocombustíveis, como o etanol, o **bioetanol** e o biodiesel, são considerados **renováveis**. O etanol tem origem na cana-de-açúcar, e o biodiesel provém, principalmente, da soja, do milho, do dendê e da mamona. Esses combustíveis têm impacto bastante reduzido no aquecimento global e nas mudanças climáticas.

bioetanol: combustível obtido a partir de um processo controlado que usa resíduos vegetais como o bagaço da cana-de-açúcar, o milho e o trigo. É conhecido também como etanol de segunda geração.

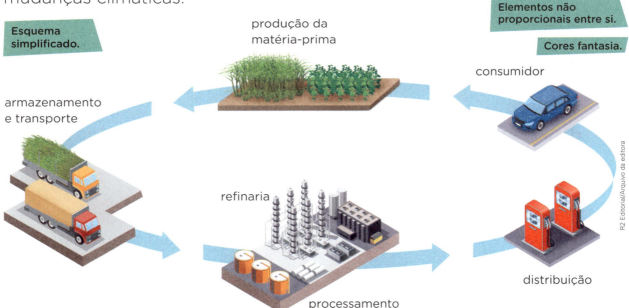

- Esquema do processo de produção de um biocombustível.

O Brasil tem potencial para exportar grandes quantidades de bioetanol e de biodiesel. Mas, para isso, será fundamental que adote políticas adequadas de expansão de forma sustentável, evitando o desmatamento e sem comprometer a produção de alimentos.

Atividades

1 Responda:

a) O que são biocombustíveis?

b) Por que os biocombustíveis são importantes para a energia mundial?

c) Faça uma pesquisa e marque com um **X** os vegetais que podem ser utilizados na produção de biocombustíveis.

☐ arroz ☐ milho ☐ dendê
☐ soja ☐ cana-de-açúcar ☐ mamona
☐ trigo ☐ açaí ☐ cenoura

d) Quais são os aspectos negativos do uso de biocombustíveis?

e) Qual é a importância do Brasil na produção de biocombustíveis?

2 Será que o uso de biocombustíveis resolve o problema do aquecimento global? Converse com os colegas e o professor, considerando o máximo de pontos positivos e negativos para chegarem a uma conclusão.

26 ELETRICIDADE

A eletricidade é uma forma de energia elétrica. Ela pode se manifestar em fenômenos que ocorrem no solo, no ar, nos vegetais, em nosso corpo e no de outros animais.

Com o passar do tempo, foram descobertas inúmeras maneiras de usar a energia elétrica. Atualmente, essa forma de energia é praticamente indispensável na vida da maioria das pessoas.

Pense em quantas coisas costumam ficar ligadas ao mesmo tempo na sua casa: televisão, computador e geladeira são alguns exemplos. Agora, imagine quanta energia é necessário produzir para abastecer todas as pessoas do mundo.

Na atualidade, as pessoas procuram alternativas tecnológicas na geração de energia, como a energia solar, captada por meio de painéis (placas) solares.

Esquema simplificado. Cores fantasia.

- Por meio de fios, a eletricidade chega até nossa casa.

Usinas geradoras de energia elétrica

Com o aumento da demanda por energia, o ser humano descobriu formas de gerá-la em larga escala e de maneira **rentável**, por meio das **usinas geradoras**.

rentável: que produz rendimento, ganho financeiro.

Nas **usinas hidrelétricas** é produzida grande parte da energia elétrica que consumimos. Elas utilizam a força do movimento da água para gerar energia elétrica.

Nas **usinas termelétricas**, a energia elétrica é produzida a partir da queima de combustíveis, como carvão e *diesel*. A queima aquece a água, e o vapor produzido movimenta as turbinas ligadas ao gerador. As termelétricas podem ser construídas próximo aos locais de consumo, desde que a matéria-prima necessária para a produção esteja disponível nas proximidades.

Os pontos negativos dessa forma de produção são o enorme volume de água necessário à geração do vapor e a poluição que emana do sistema.

Nas **usinas nucleares**, a produção de energia elétrica é proveniente de materiais **radioativos**, usados como combustíveis. O urânio é o elemento mais comum. Esse material é colocado em barras dentro dos **reatores** da usina. O calor gerado pela **fissão nuclear** move um alternador, que produz a energia elétrica.

> **radioativos:** que emitem raios invisíveis, podendo ser prejudiciais à saúde.
> **reatores:** dispositivos em que ocorrem reações químicas.
> **fissão nuclear:** processo de divisão de um átomo em outros átomos mais leves. Pode ser espontânea ou provocada e libera grande quantidade de energia.

Um dos grandes problemas desse tipo de usina é a geração de lixo nuclear. Esse lixo deve ser manipulado, transportado e armazenado seguindo rígidas normas de segurança.

Se não forem tomadas todas as medidas de segurança necessárias, essas usinas podem ser muito perigosas, pois a radiação é capaz de contaminar seriamente o ambiente, provocando doenças muito graves e até a morte de seres vivos.

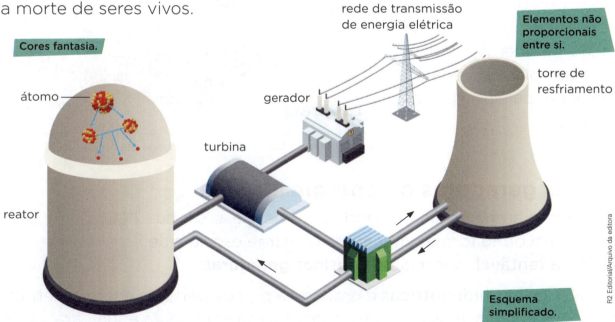

Esquema de funcionamento de uma usina nuclear.

Atividades

1 Cite uma vantagem e uma desvantagem de uma usina hidrelétrica.

....
....
....

- Agora faça o mesmo pensando em uma termelétrica.

....
....
....

2 Por que as usinas nucleares podem ser tão perigosas?

....
....
....

3 Assinale **V** (verdadeiro) ou **F** (falso) nas afirmações sobre usinas nucleares:

☐ Devem seguir rígidas normas de segurança.

☐ O Brasil não possui usinas nucleares na atualidade.

☐ Precisam de um alto volume de água.

☐ Trabalham com material radioativo.

4 Você tem notícias de algum caso recente no Brasil relacionado com problemas ambientais gerados por usinas hidrelétricas, termelétricas ou nucleares? Pesquise, converse com os colegas e o professor e escreva um resumo.

O TEMA É...

Fontes renováveis de energia

As **fontes renováveis** de energia são aquelas que se renovam em um curto período e, por isso, são consideradas recursos inesgotáveis. Já as **fontes não renováveis** são aquelas que existem em quantidade limitada, podendo se esgotar com o tempo, como os combustíveis fósseis.

O uso das fontes renováveis tem menor impacto sobre o meio ambiente quando comparado ao uso das fontes não renováveis. Veja as principais características das fontes renováveis no infográfico a seguir.

● Os painéis solares também podem ser instalados no telhado das residências.

Energia solar
Energia limpa, renovável, abundante e que apresenta boa relação entre custo e benefício. Países próximos à linha do equador têm mais condições de obtenção dessa energia, graças à grande quantidade de energia solar que recebem. Para ampliar a utilização desse tipo de energia, o Brasil precisa continuar a investir, a fim de tornar a tecnologia empregada mais acessível.

Energia hidrelétrica
Energia obtida a partir da queda da água, que move as turbinas da usina hidrelétrica. É considerada uma fonte limpa de energia e de baixo custo, a longo prazo. No entanto, as hidrelétricas precisam de extensas áreas, sendo que grande parte é alagada para o represamento da água.

1 Faça uma pesquisa e, depois, assinale a alternativa correta: Quais são as duas principais fontes de energia elétrica, após a hidrelétrica, utilizadas no Brasil?

a) Eólica e solar.
b) Nuclear e solar.
c) Nuclear e biomassa.
d) Biomassa e eólica.
e) Solar e dos oceanos.

2 Reúna-se em grupo com os colegas e, juntos, analisem as diferentes fontes de energia descritas nesta página e na anterior. Considerem a região em que moram e escolham qual seria o melhor tipo de usina a ser construída nessa área. Descrevam oralmente a fonte de energia utilizada (vantagens e desvantagens) e indiquem os pontos que nortearam a escolha do grupo.

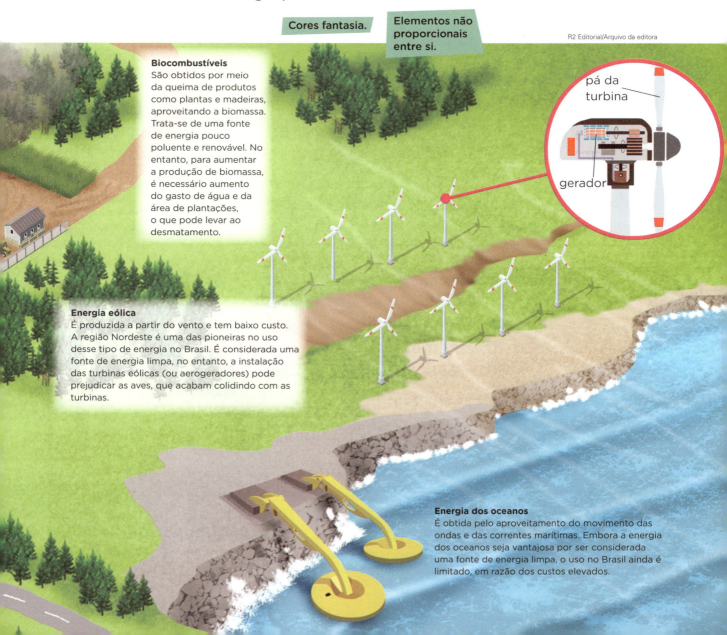

Cores fantasia. Elementos não proporcionais entre si.

R2 Editorial/Arquivo da editora

Biocombustíveis
São obtidos por meio da queima de produtos como plantas e madeiras, aproveitando a biomassa. Trata-se de uma fonte de energia pouco poluente e renovável. No entanto, para aumentar a produção de biomassa, é necessário aumento do gasto de água e da área de plantações, o que pode levar ao desmatamento.

Energia eólica
É produzida a partir do vento e tem baixo custo. A região Nordeste é uma das pioneiras no uso desse tipo de energia no Brasil. É considerada uma fonte de energia limpa, no entanto, a instalação das turbinas eólicas (ou aerogeradores) pode prejudicar as aves, que acabam colidindo com as turbinas.

pá da turbina
gerador

Energia dos oceanos
É obtida pelo aproveitamento do movimento das ondas e das correntes marítimas. Embora a energia dos oceanos seja vantajosa por ser considerada uma fonte de energia limpa, o uso no Brasil ainda é limitado, em razão dos custos elevados.

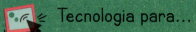 **Tecnologia para...** economizar energia elétrica

Além de ser uma atitude sustentável, economizar energia elétrica reduz os gastos na conta de luz.

Com ajuda do seu professor, acesse o aplicativo **Nossa energia**, disponível em: <https://play.google.com/store/apps/details?id=br.com.soundy.nossaenergia&hl=pt_BR> (acesso em: 5 abr. 2019), e instale-o no celular.

Além de dicas para economizar energia, o aplicativo disponibiliza uma calculadora que possibilita estimar o consumo de energia elétrica da sua residência. Basta selecionar os eletrodomésticos e inserir a quantidade de horas em que cada um é utilizado.

- Outra forma interessante de economizar energia elétrica é optar por aparelhos com o selo A de economia de energia durante a compra.

Pequenos geradores de energia

Para utilizar aparelhos que requerem energia elétrica sem que precisem estar ligados na tomada, utilizamos pequenos geradores de energia, como as **pilhas** e as **baterias**. Elas são usadas em aparelhos que necessitam de pequenas quantidades de energia, como brinquedos, calculadoras, celulares, rádios, entre outros. Esses pequenos geradores contêm substâncias químicas que, ao reagirem, produzem energia elétrica.

O descarte incorreto de pilhas e baterias pode causar grandes danos ao meio ambiente, já que elas contêm **metais pesados**.

metais pesados: metais que podem ser tóxicos aos seres vivos e poluem principalmente a hidrosfera (mares, rios, oceanos, etc.). Nos seres humanos podem favorecer o desenvolvimento de câncer.

Quando não há cuidado com o destino desses materiais, eles podem sofrer deformações e derramar componentes tóxicos no ambiente. O solo e o lençol freático podem ser contaminados, prejudicando a agricultura, a água dos rios e, consequentemente, os seres vivos.

- Pilhas com envoltório externo danificado liberando material tóxico.

Uma alternativa às pilhas descartáveis (que só podem ser usadas uma vez) são as pilhas recarregáveis. Para recarregá-las, basta ter um carregador de pilhas ligado a uma tomada. Mas atenção: o carregador de pilhas não recarrega pilhas descartáveis, apenas as recarregáveis.

Muitas baterias também são recarregáveis. Quando você liga o carregador do celular na tomada, por exemplo, está recarregando a bateria que fica dentro dele.

Existem diversos pontos de coleta de pilhas e baterias que dão destinação correta a esses materiais. Outra alternativa é encaminhá-las aos fabricantes.

- Deposite as pilhas e baterias na lixeira correta...

- ... ou entregue-as em pontos de recolhimento ou, ainda, encaminhe-as aos fabricantes.

Saiba mais

Energia produzida por atrito

Atrito é o ato de esfregar dois corpos um no outro. Alguns materiais, como a seda, a lã e o plástico, ao serem atritados (friccionados um contra o outro), ficam eletrizados, isto é, carregados de energia elétrica.

Observe, na fotografia, como o pente plástico atrai os papeizinhos. Isso ocorre porque o plástico fica eletrizado quando o esfregamos nos fios de cabelo (secos).

- Pente e papel se atraem eletricamente.

Atividades

1 Assinale com um **X** as afirmativas corretas.

☐ Aparelhos que precisam de pequenas quantidades de energia elétrica podem usar pilha ou bateria.

☐ O uso contínuo e exagerado de aparelhos como celulares e *notebooks* não causa danos à saúde.

☐ A energia elétrica é invisível.

☐ Pilhas e baterias devem ser colocadas no saco de lixo para serem recolhidas com seu lixo comum domiciliar.

2 Qual é a grande vantagem das pilhas e baterias?

3 Cite alguns aparelhos portáteis que você conhece que podem usar pilhas e baterias.

4 Que problemas as pilhas e as baterias podem provocar se forem descartadas no lixo comum? Por quê?

5 Que tal identificar diferentes fontes de energia em um jogo? Faça a atividade **11** da página **30** do **Caderno de criatividade e alegria**.

Como se transporta a eletricidade

Como você já viu, a energia elétrica produzida nas usinas chega a casas, escolas, fábricas e hospitais por meio de fios elétricos.

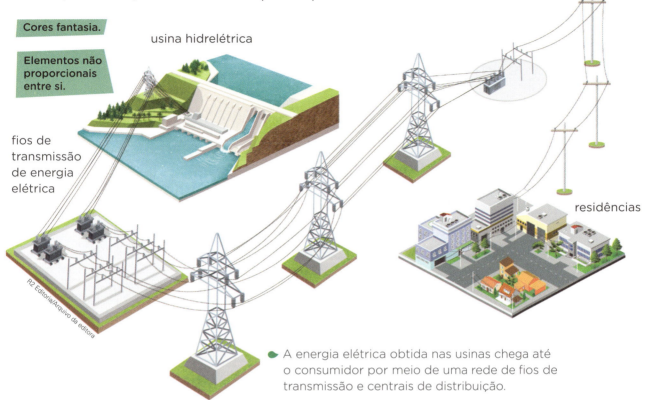

A energia elétrica obtida nas usinas chega até o consumidor por meio de uma rede de fios de transmissão e centrais de distribuição.

Pequenas partículas chamadas **elétrons** se movimentam dentro dos fios de transmissão, formando a **corrente elétrica**.

Alguns materiais, como os metais, conduzem a corrente elétrica com facilidade. São, por isso, considerados **bons condutores** elétricos. Outros, como a borracha e o plástico, transmitem a corrente elétrica com mais dificuldade. São os chamados **materiais isolantes**.

Os fios que transportam a corrente elétrica são feitos de alguns desses materiais: por dentro, são de metal, para facilitar a passagem da corrente; por fora, de borracha ou plástico, para evitar choques elétricos.

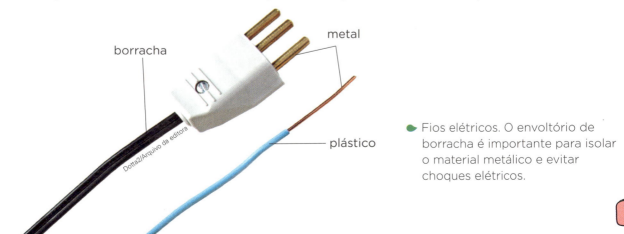

Fios elétricos. O envoltório de borracha é importante para isolar o material metálico e evitar choques elétricos.

Circuito elétrico

Para que os aparelhos funcionem, a corrente elétrica deve percorrer, dentro dos fios, um caminho fechado, sem interrupções. Esse caminho se chama **circuito elétrico**.

Quando o interruptor é desligado, a lâmpada apaga porque o circuito elétrico fica aberto, impedindo a passagem da corrente elétrica.

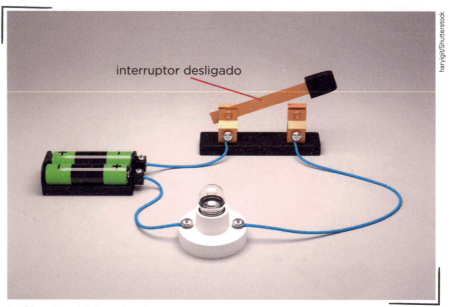

● Circuito elétrico aberto.

Quando o interruptor é ligado, a lâmpada acende porque o circuito fica fechado, permitindo a passagem da corrente elétrica.

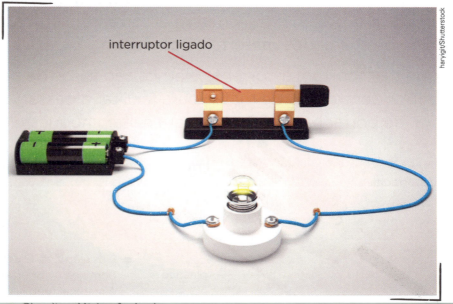

● Circuito elétrico fechado.

Curto-circuito

O circuito elétrico pode ser interrompido por um **curto-circuito**. Isso ocorre quando dois fios desencapados se tocam, produzindo faíscas que podem até provocar incêndios.

Também pode ocorrer curto-circuito quando a intensidade da corrente elétrica é muito grande para o fio que a conduz, ou quando vários aparelhos são ligados em uma mesma tomada. Nesses casos, o fio esquenta, derretendo a proteção plástica à sua volta. Desencapados, os fios tocam-se, provocando curto-circuito.

Elementos não proporcionais entre si.

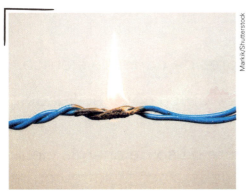
- É importante ficar atento à rede elétrica, pois um curto-circuito pode ocasionar um incêndio.

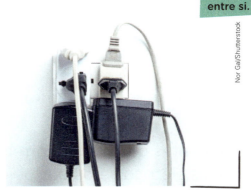
- Deve-se evitar conectar muitos aparelhos em uma única tomada, pois ela pode ficar sobrecarregada e provocar um curto-circuito.

Cuidados com a energia elétrica

Se a energia elétrica não for usada com muita precaução, ela pode causar sérios acidentes. Observe a seguir alguns cuidados importantes que devem ser tomados.

- Não colocar os dedos ou objetos metálicos (pregos, alfinetes, clipes, entre outros) nas tomadas.
- Não empinar pipas perto da rede elétrica.
- Não ligar aparelhos elétricos quando estiver sem sapatos ou com as mãos molhadas.
- Desligar a chave geral das instalações elétricas sempre que for necessário fazer consertos.
- Trocar os fios velhos e desencapados por fios novos.
- Não deixar ligados os aparelhos elétricos que não estiverem sendo utilizados.

Atividades

1 Assinale **V** (verdadeiro) ou **F** (falso).

☐ A energia elétrica chega à nossa casa por meio de fios elétricos.

☐ A parte de dentro dos fios elétricos é feita de plástico.

☐ Os elétrons se movimentam dentro dos fios, formando a corrente elétrica.

☐ Os metais são bons condutores de corrente elétrica.

☐ A borracha conduz corrente elétrica com facilidade.

2 Os acidentes que mais ocorrem com o uso de energia elétrica são os choques elétricos e os curtos-circuitos. Você já sofreu ou sabe de alguém que tenha sofrido algum desses acidentes? Escreva aqui o que aconteceu e o porquê. Depois, conte à classe.

3 Escreva uma mensagem alertando sobre os riscos de acidentes envolvendo energia elétrica e como preveni-los.

VOCÊ EM AÇÃO

Improvisando uma pilha

Que tal construir uma pilha utilizando limões, metais e fios elétricos?

Material

- 2 (dois) pedacinhos de cobre
- 3 (três) pedaços de fio elétrico com as pontas desencapadas
- 2 (dois) limões
- 2 (dois) pedacinhos de zinco
- fita isolante
- tesoura de pontas arredondadas

Procedimentos

1 Com o auxílio de um adulto, espete, em cada um dos limões, um pedacinho de cobre e um de zinco, de modo que, dentro do limão, eles não se toquem.

Atenção: faça com a ajuda de um adulto.

2 Enrole a ponta do fio elétrico no pedacinho de cobre de um limão. No outro limão, enrole a ponta de outro fio elétrico no pedacinho de zinco e prenda-as com fita isolante.

3 Com o terceiro fio elétrico, ligue o pedaço de cobre que está sobrando em um limão com o pedaço de zinco que está sobrando no outro (passe também fita isolante).

4 Escolha um aparelho que precise de pilha (por exemplo, uma calculadora pequena ou uma lâmpada pingo-d'água). Com a fita isolante, prenda no polo positivo do aparelho o fio que está ligado ao pedaço de cobre de um dos limões. No polo negativo, prenda o fio que está ligado ao pedaço de zinco do outro limão. Em seguida, ligue o aparelho.

Observação e conclusão

- Anote o que aconteceu ao ligar o aparelho.

27 MAGNETISMO

Observando a natureza, o ser humano acabou descobrindo uma pedra que atraía o ferro. Como essa pedra foi encontrada pela primeira vez na cidade de Magnésia, localizada no continente asiático, recebeu o nome de **magnetita**.

A magnetita é um ímã natural, pois é um mineral encontrado nas rochas. **Ímã** é um corpo que atrai o ferro e alguns outros metais específicos. Esse poder de atração é chamado **magnetismo**.

O ímã também pode ser produzido. Nesse caso, é chamado ímã artificial e pode ser obtido pelo atrito do ímã natural com alguns metais.

Como você pode ver na fotografia, os pregos magnetizados tornaram-se ímãs artificiais, atraindo outros pregos, que são objetos leves de metal.

Os materiais atraídos pelo ímã são chamados de **ferromagnéticos**. Eles também podem se comportar como um ímã, atraindo outros materiais ferromagnéticos.

Portanto, existem dois tipos de ímã:

- **ímã permanente**: quando o magnetismo do material se conserva por tempo indefinido. É o caso do próprio ímã em formato de ferradura.

- **ímã temporário**: quando o magnetismo do material permanece apenas durante algum tempo. É o que ocorre quando um prego está em contato com um ímã, por exemplo. Enquanto durar o contato, o prego será um ímã temporário.

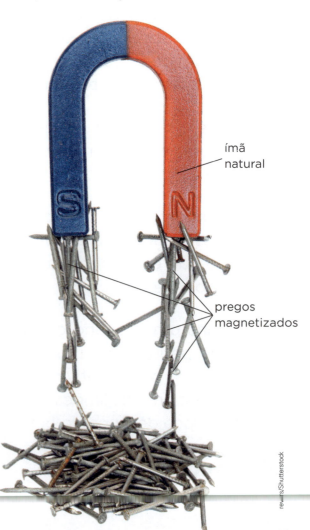

ímã natural

pregos magnetizados

Os polos do ímã

Quando aproximamos um ímã de pequenos objetos de ferro ou aço, percebemos que sua força de atração é maior nas extremidades. Essas extremidades são os polos do ímã, chamados **polo norte** e **polo sul**.

Quando os polos opostos de dois ímãs ficam próximos, eles se atraem. Observe a figura:

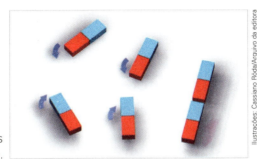

● Polos diferentes se atraem.

Quando dois polos iguais de dois ímãs ficam próximos, eles se repelem. Observe a figura:

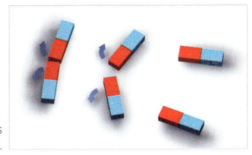

● Polos iguais se repelem.

Se um ímã for quebrado em dois pedaços, cada um deles se comportará como um ímã completo, ou seja, com polos norte e sul.

Saiba mais

Ímãs

Veja a seguir outras características dos ímãs.

- Quando um ímã é aquecido, ele perde sua força de atração.
- Não se deve aproximar um ímã de um relógio ou da tela de uma televisão, pois ele pode danificar esses aparelhos.
- A magnetita é uma substância natural fortemente magnética e foi usada para fazer a primeira bússola.

O magnetismo da Terra

Todo ímã possui uma área na qual seu poder de atração pode ser percebido. Essa área se chama **campo magnético**.

Há um campo magnético ao redor da Terra, conhecido como **campo magnético terrestre**. Isso ocorre porque os metais no interior da Terra funcionam como se houvesse um grande ímã dentro do planeta.

Você já deve conhecer a bússola, instrumento de orientação usado por navegadores e pilotos de avião. Ela tem uma agulha imantada apontando sempre para o norte (polo norte geográfico). O funcionamento da bússola baseia-se no magnetismo terrestre: é o campo magnético da Terra que direciona a agulha, fazendo-a indicar sempre a mesma direção.

● A agulha da bússola aponta para o polo norte geográfico da Terra, que é próximo ao polo sul magnético da Terra.

Elementos não proporcionais entre si.

Eletroímã

Existe um tipo de ímã, chamado **eletroímã**, que é muito usado na fabricação de motores elétricos, telefones, rádios, televisores, campainhas, brinquedos, entre outros objetos.

O eletroímã é constituído de uma barra de ferro enrolada por fios ligados a uma fonte elétrica. Quando a corrente elétrica passa pelos fios condutores, a barra de ferro ganha magnetismo.

Observe na fotografia como o prego, ligado aos polos da pilha, está atraindo pedacinhos de ferro (limalha).

Desligada a corrente elétrica, o prego perde essa capacidade de atração.

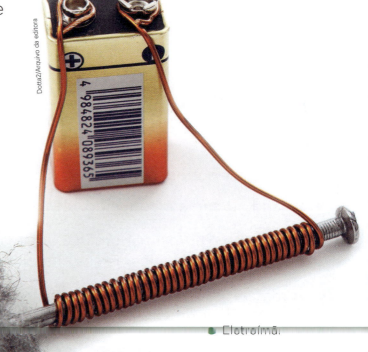

● Eletroímã.

VOCÊ EM AÇÃO

Clipe voador

Como não podemos enxergar o campo magnético, muitas vezes a ação e as reações decorrentes dele parecem mágica. Siga os procedimentos e veja como um clipe pode parecer voar no ar!

Material

- barbante
- fita adesiva
- papel
- clipe
- ímã
- tesoura de pontas arredondadas

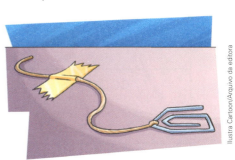

Procedimentos

1 Amarre o clipe no barbante.

2 Prenda o barbante com a fita adesiva em uma mesa.

3 Ponha o ímã perto do clipe e veja o que acontece.

4 Em seguida, coloque um pedaço de papel entre o clipe e o ímã e, novamente, observe o que ocorre.

Observação e conclusão

- O que você observou ao fazer o item 4 dos procedimentos?

....

....

- Por que você acha que isso aconteceu?

....

....

Atividades

1 Em grupos, reúnam sobre uma mesa os objetos indicados no quadro. Aproximem um ímã de cada objeto, um por vez. Verifiquem quais são atraídos pelo ímã e preencham o quadro.

Elementos não proporcionais entre si.

Objeto testado	Não foi atraído	Foi atraído
rolha de cortiça		
moeda de metal		
copo de plástico		
alfinete de metal		
grampo de cabelo de metal		
folha de papel		

- Agora complete a frase:

O ímã atraiu os seguintes objetos: ...., ... e .... Isso aconteceu porque eles são feitos de ....

2 Responda:

a) Qual é o nome da pedra considerada um ímã natural? E o nome do efeito de atração entre essa pedra e materiais ferromagnéticos?

....

....

b) Explique qual é a diferença entre ímã permanente e ímã temporário.

....

....

3 Responda:

a) Quando dois ímãs se atraem?

....

....

b) Quando dois ímãs se repelem?

....

....

4 Danilo ganhou dois carrinhos. Ele prendeu um ímã no teto de cada um, de forma que o polo norte de cada ímã ficasse na parte da frente. Depois, empurrou os carrinhos na direção um do outro.

- O que você acha que aconteceu? Por quê?

....

....

5 O campo magnético de um ímã é:

☐ Todo o ímã.

☐ A área onde o poder de atração do ímã pode ser percebido.

BIBLIOGRAFIA

ALLAN, L. *Escola.com*: como as novas tecnologias estão transformando a educação na prática. Barueri: Figurati, 2015.

BANNELL, R. I. et al. *Educação no século XXI*: cognição, tecnologias e aprendizagens. Petrópolis: Vozes; Rio de Janeiro: Editora PUC, 2016.

BARBOSA, L. M. S. *Temas transversais*: como utilizá-los na prática educativa. Curitiba: IBPEX, 2007.

BARCELOS, V. *Octávio Paz*: da ecologia global à educação ambiental na escola. Lisboa: Instituto Piaget, 2007.

BIZZO, N. *Ciências*: fácil ou difícil? São Paulo: Biruta, 2009.

BORGES, D. S. C.; MARTURANO, E. M. *Alfabetização em valores humanos*: um método para o ensino de habilidades sociais. São Paulo: Summus, 2012.

BRASIL. Ministério da Educação. Secretaria de Educação Básica. Fundo Nacional de Desenvolvimento da Educação. Ensino Fundamental de nove anos: orientações para a inclusão da criança de seis anos de idade. Brasília, 2006.

_____. Pró-letramento: programa de formação continuada de professores das séries iniciais do Ensino Fundamental. Brasília, 2006.

BRASIL. Ministério da Educação. Secretaria de Educação Fundamental. Base Nacional Comum Curricular (BNCC): Ciência da Natureza, Brasília, 2017.

_____. Parâmetros curriculares nacionais: ciências naturais, meio ambiente e saúde. Brasília, 1997.

_____. Parâmetros curriculares nacionais: temas transversais — apresentação, ética, pluralidade cultural, orientação sexual. Brasília, 1997.

_____. Referencial curricular nacional para Educação Infantil. Brasília, 1998.

CANIATO, R. *Com ciência na educação*. Campinas: Papirus, 2003.

CAPRA, F. et al. *Alfabetização ecológica*: a educação das crianças para um mundo sustentável. São Paulo: Cultrix, 2006.

CARVALHO, A. M. P. (Org.). *Formação continuada de professores*: uma releitura das áreas de conteúdo. São Paulo: Cengage, 2017.

CIÊNCIA VIVA: a construção do conhecimento. São Paulo: Meca, 2001.

COELHO, M. I. M. et al. *A educação e a formação humana*. Porto Alegre: Artmed, 2009.

COHEN, Elizabeth G.; LOTAN, Rachel A. *Planejando o trabalho em grupo*: estratégias para salas de aula heterogêneas. Tradução de Luís Fernando Marques Dorvillé, Mila Molina Carneiro e Paula Márcia Schmaltz Ferreira Rozin. Porto Alegre: Penso, 2017.

CUNHA, N. H. S. *Criar para brincar*: a sucata como recurso pedagógico. São Paulo: Aquariana, 2005.

CURRIE, K. L.; CARVALHO, Sheila Elizabeth Currie de. *Nutrição*: interdisciplinaridade na prática. Campinas: Papirus, 2017.

DELIZOICOV, D.; ANGOTTI, J. *A metodologia do ensino de ciências*. São Paulo: Cortez, 1990.

DEMO, P. *Habilidades e competências no século XXI*. Porto Alegre: Mediação, 2010.

DOW, K.; DOWNING, T. E. *O atlas da mudança climática*. São Paulo: Publifolha, 2007.

DUDENEY, G.; HOCKLY, N.; PEGRUM, M. *Letramentos digitais*. Tradução de Marcos Marciolino. São Paulo: Parábola Editorial, 2016.

FAZENDA, I. C. A. *Didática e interdisciplinaridade*. Campinas: Papirus, 2010.

GADOTTI, M. *Pedagogia da terra*. São Paulo: Peirópolis, 2000.

GARDNER, H. *Inteligências múltiplas*: a teoria na prática. Porto Alegre: Artmed, 1995.

GOULART, I. B. *Piaget*: experiências básicas para utilização pelo professor. Petrópolis: Vozes, 2003.

GUIMARÃES, M. *A formação de educadores ambientais*. Campinas: Papirus, 2004.

GUZZO, V. *A formação do sujeito autônomo*: uma proposta da escola cidadã. Caxias do Sul: Educs, 2004.

HOFFMANN, J. *Avaliar para promover*: as setas do caminho. Porto Alegre: Mediação, 2009.

KINDEL, E. A. *Práticas pedagógicas em Ciências*: espaço, tempo e corporeidade. Erechim: Edelbra, 2012.

KRAEMER, M. L. *Quando brincar é aprender*. São Paulo: Loyola, 2007.

LA TAILLE, Y. *Limites*: três dimensões educacionais. São Paulo: Ática, 2000.

LEGAN, L. *A escola sustentável*: eco-alfabetizando pelo ambiente. São Paulo: Imesp; Pirenópolis: Ecocentro, Ipec, 2007.

LUCKESI, C. C. *Avaliação da aprendizagem escolar*: estudos e proposições. 22. ed. São Paulo: Cortez, 2011.

MACEDO, L. *Ensaios pedagógicos*: como construir uma escola para todos? Porto Alegre: Artmed, 2005.

MARZANO, R. J.; PICKERING, D. J.; POLLOCK, J. E. *O ensino que funciona*: estratégias baseadas em evidências para melhorar o desempenho dos alunos. Porto Alegre: Artmed, 2008.

MINOZZO, E. L.; ÁVILA, E. P. de. *Escola segura*: prevenção de acidentes e primeiros socorros. Porto Alegre: AGE, 2006.

MOREIRA, A. F.; TADEU, T. (Org.). *Currículo, cultura e sociedade*. São Paulo: Cortez, 2013.

MOYLES, J. R. et al. *A excelência do brincar*. Porto Alegre: Artmed, 2006.

OLIVEIRA, G. C. *Avaliação psicomotora à luz da psicologia e da psicopedagogia*. Petrópolis: Vozes, 2014.

PAGNONCELLI, C.; MALANCHEN, J.; MATOS, N. S. D *O trabalho pedagógico nas disciplinas escolares*: contribuições a partir dos fundamentos da pedagogia histórico-crítica. Campinas: Armazém do Ipê, 2016.

PERRENOUD, P. et al. *A escola de A a Z*: 26 maneiras de repensar a educação. Porto Alegre: Artmed, 2005.

ROEGIERS, X. *Aprendizagem integrada*: situações do cotidiano escolar. Porto Alegre: Artmed, 2006.

SANCHO, J. M. et al. *Tecnologias para transformar a educação*. Porto Alegre: Artmed, 2006.

SCHILLER, P.; ROSSANO, J. *Ensinar e aprender brincando*: mais de 750 atividades para Educação Infantil. Porto Alegre: Artmed, 2008.

SERRANO, G. P. *Educação em valores*: como educar para a democracia. Tradução de Fátima Murad. Porto Alegre: Artmed, 2002.

SETUBAL, M. A. *Educação e sustentabilidade*: princípios e valores para a formação de educadores. São Paulo: Peirópolis, 2015.

SILVA, J. F. da; HOFFMANN, J.; ESTEBAN, M. T. (Org.). *Práticas avaliativas e aprendizagens significativas*. Porto Alegre: Mediação, 2003.

TRIVELATO, S. F.; SILVA, R. L. F. *Ensino de Ciências*. São Paulo: Cengage Learning, 2017. (Coleção Ideias em ação).

PÁGINA +

A FORMAÇÃO DO UNIVERSO

Quando o Universo foi criado? Como isso aconteceu? Como chegamos até aqui? As respostas a essas antigas e intrigantes questões foram mudando ao longo da história. Atualmente, a teoria com provas mais consistentes sobre a origem do Universo diz que tudo começou há 13,8 bilhões de anos, com um evento chamado *big-bang*.

13,8 BILHÕES DE ANOS

1 O INÍCIO DE TUDO

Há 13,8 bilhões de anos, o Universo passou a existir. Nesse primeiro momento, ele era menor que um grão de areia e muito quente. Menos de um segundo depois, o Universo se expandiu em uma espécie de grande explosão (*big-bang*). Mas ninguém sabe o que gerou o *big-bang*, nem o que havia antes dele.

2 AS PRIMEIRAS PARTÍCULAS

Depois de 380 mil anos, o calor tinha diminuído, e aquela imensa quantidade de energia liberada durante o *big-bang* começou a formar as primeiras partículas de matéria, que se espalharam por todo o Universo.

3 AS PRIMEIRAS ESTRELAS

Atraídas umas pelas outras, as partículas começaram a se aglomerar como nuvens em algumas regiões do Universo. Depois de 300 milhões de anos, a concentração delas em alguns pontos era tão grande que sua união deu origem às estrelas.

4 AS PRIMEIRAS GALÁXIAS

Assim como as partículas, as estrelas se reuniram em algumas regiões do Universo, dando origem às primeiras galáxias, enormes conjuntos de estrelas e nuvens de partículas. Nossa galáxia se formou cerca de 600 milhões de anos depois do *big-bang*.

5 COMO SURGIU O SISTEMA SOLAR?

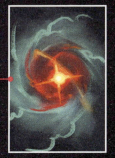
Há 4,6 bilhões de anos, uma imensa concentração de partículas (poeira e nuvens) deu origem ao Sol.

A poeira e as nuvens que não se juntaram ao Sol passaram a girar ao redor dele, acompanhando seu movimento de rotação.

Com o tempo, esse movimento uniu as partículas em partes maiores, formando rochas.

Depois de inúmeras colisões entre essas rochas, formaram-se planetas, que até hoje se mantêm em movimento ao redor do Sol.

A TERRA NO UNIVERSO

4,6 BILHÕES DE ANOS

No passado, acreditava-se que a Terra era o centro do Universo. Atualmente, sabemos que a Terra é apenas um pequeno planeta em uma das muitas de galáxias do Universo.

Nosso planeta é o terceiro dos oito planetas que orbitam o Sol.

O Sol é uma das 200 bilhões de estrelas só na nossa galáxia, a Via Láctea.

A Via Láctea é apenas uma das galáxias de um grupo de galáxias...

...que, por sua vez, faz parte de um dos milhões de superaglomerados de galáxias...

...que formam uma imensa rede, cheia de espaços vazios, que chamamos de Universo.

A FORMAÇÃO DO PLANETA TERRA

Como você viu, o planeta Terra se formou há 4,6 bilhões de anos, a partir de poeira e gases que giravam ao redor do Sol. Mas isso foi só o começo...

4,6 bilhões de anos · 4,2 bilhões de anos · 3,8 bilhões de anos · 500 milhões 250 milhões Hoje de anos de anos

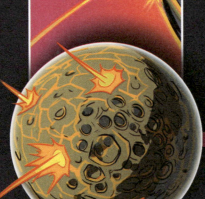

4,6 bilhões de anos

1 NASCIMENTO TURBULENTO

Durante os primeiros 400 milhões de anos, a Terra foi bombardeada por rochas que vinham do Sistema Solar. A Terra era tão quente (mais de 1000 °C) só na superfície) que parecia um mar de lava (rocha derretida).

4,2 bilhões de anos

2 FORMAÇÃO DOS OCEANOS

Quando as grandes colisões diminuíram, o planeta esfriou e sua superfície se solidificou. Nesse período, a Terra foi atingida por corpos celestes menores que traziam em seu interior um elemento que mudou a história do planeta: água.

Em uma dessas colisões, uma rocha maior que Marte atingiu a Terra. Parte dos destroços passaram a orbitar o planeta e, com o tempo, vieram a formar a Lua.

3,8 bilhões de anos

3 ILHAS E CONTINENTES

Há bilhões de anos, o interior da Terra tem modelado a superfície do planeta. Abaixo da crosta terrestre, o magma líquido move os continentes.

A vida surgiu nesses oceanos primitivos, mas demorou mais de 2 bilhões de anos para que surgissem formas de vida complexas.

500 milhões de anos

4 SURGE A VIDA NO PLANETA

Há 500 milhões de anos, a vida só existia nos oceanos. Mas 100 milhões de anos depois, anfíbios e, principalmente, plantas começaram a se adaptar aos ambientes terrestres. Com o tempo, florestas se espalharam pela Terra.

Os vulcões criaram ilhas e alteraram a atmosfera da Terra.

250 milhões de anos até hoje

5 DOS DINOSSAUROS AO NOSSO MUNDO

Os anos seguintes foram marcados por grandes transformações na vida e no planeta. Muitas espécies surgiram e desapareceram e os processos geológicos continuaram mudando as paisagens e os continentes.

Nesse período, havia apenas um grande continente e a aparência do planeta era bastante diferente.

O ser humano surgiu há 200 mil anos, mas suas ações já causaram grandes alterações no planeta.

Fontes: A.J. ABV

SUMÁRIO

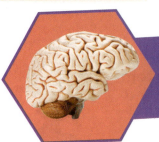

FIQUE SABENDO P. 4
- Curiosidades sobre o cérebro
- Eletrônicos na tomada também gastam energia

AMBIENTE P. 6
- Causas e consequências do aquecimento global
- O perigo da poluição para as crianças

REPORTAGEM DE CAPA P. 8
- O açúcar nos alimentos

SAÚDE P. 10
- Brasileiros fazem pouco exercício, diz estudo
- Como as plantas medicinais ajudam o corpo humano

BAÚ DE CURIOSIDADES P. 12
- Bananas correm risco pelo mundo
- Como funciona a energia eólica no Brasil

TEC P. 14
- A lâmpada que funciona com algas
- Baterias que carregam via Wi-Fi

DIVIRTA-SE P. 15
- Passatempo para se divertir

IMAGENS: SHUTTERSTOCK

FIQUE SABENDO

VOCÊ SABIA QUE...
CÉREBRO

...o cérebro é tão macio quanto manteiga?

...20% do oxigênio inalado pelos humanos é utilizado pelo cérebro?

...a ideia de que as pessoas usam apenas 10% do cérebro é mito?

...ele pesa, aproximadamente, 1,5 quilograma?

...cerca de 75% da massa total do cérebro é composta por água?

LADO DIREITO **LADO ESQUERDO**

...este é o órgão mais complexo do corpo humano?

...o lado esquerdo do cérebro controla o lado direito do corpo e o lado direito do cérebro controla o lado esquerdo do corpo?

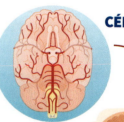

CÉREBRO

...este órgão recebe cerca de 25% do sangue que circula pelo organismo?

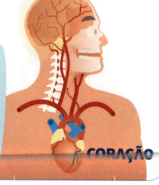

CORAÇÃO

IMAGENS: SHUTTERSTOCK

FONTE: JORNAL *JOCA*, EDIÇÃO 63 (18/8/2015 A 8/9/2015).

ELETRÔNICOS NA TOMADA

Mesmo que não estejam ligados, equipamentos que ficam na tomada consomem eletricidade.

De acordo com estudo divulgado em 2016, as casas dos Estados Unidos têm cerca de 65 aparelhos eletrônicos ligados permanentemente nas tomadas. Mesmo não sendo utilizados, esses equipamentos gastam cerca de 23% do total de energia da residência, pois a maioria tem uma pequena lâmpada ou um visor digital que permanece aceso. Isso gera um gasto anual de 19 bilhões de dólares em contas de luz. Televisores e videogames estão entre os que mais gastam energia, mesmo quando estão desligados, se permanecerem na tomada.

Diga a um adulto para tirar as tomadas dos aparelhos que não estiverem sendo usados.

GASTO POR TIPO DE APARELHO ELETRÔNICO DESLIGADO QUE PERMANECE NA TOMADA

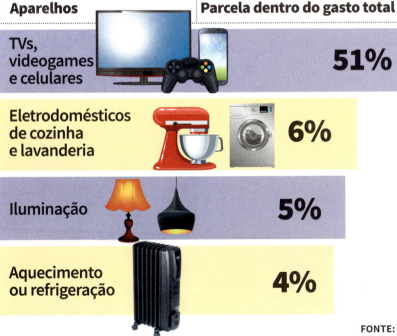

Aparelhos	Parcela dentro do gasto total
TVs, videogames e celulares	51%
Eletrodomésticos de cozinha e lavanderia	6%
Iluminação	5%
Aquecimento ou refrigeração	4%

FONTE: NATURAL RESOURCES DEFENSE COUNCIL (NRDC).

COMO GASTAR MENOS ENERGIA:

● Desconecte da tomada aparelhos que não são muito utilizados.

● Use a opção *timer* do aparelho para programar o desligamento automático depois de certo tempo.

● Ligue equipamentos a filtros de linha, que podem facilmente ser ligados e desligados.

FONTE: JORNAL *JOCA*, EDIÇÃO 78 (31/5/2016 A 13/6/2016).

AMBIENTE

O QUE É O AQUECIMENTO GLOBAL?

Há milhões de anos, o clima do nosso planeta passa por ciclos de aquecimento e resfriamento. Mas por causa das ações da humanidade o aquecimento se intensifica cada dia mais.

A temperatura da Terra aumenta à medida que poluímos e desmatamos. Em 2018, o planeta teve a quarta temperatura média mais alta em 140 anos — só ficou atrás da registrada em 2015, 2016 e 2017.

CAUSAS
- O aumento da emissão dos gases que causam o efeito estufa, gerado principalmente pelo uso excessivo de combustíveis como gasolina e diesel.

- O desmatamento das florestas para criar áreas para agricultura e pecuária (fazendo uso das queimadas, que emitem gases poluentes na atmosfera), além da exploração de madeira para móveis e outros fins, destruindo árvores.

- O desenvolvimento sem planejamento das cidades diminui áreas verdes e aumenta a quantidade de concreto.

- A poluição dos rios e do ar pelas indústrias.

CONSEQUÊNCIAS
- Degelo e aumento do nível do mar: o derretimento das placas de gelo da Antártida e da Groenlândia, que já vinha acontecendo há milhares de anos num processo lento e natural, está sendo acelerado por causa da ação do ser humano e do efeito estufa. Com isso, o mar subiu mais rapidamente nas últimas duas décadas.

- Incêndios: o aumento do número de incêndios nas florestas por causa do aumento de temperatura.

- Tempestades e inundações.

- Desertificação: zonas de deserto ficam cada vez maiores em várias regiões do mundo.

O QUE É O EFEITO ESTUFA?

É um fenômeno natural que possibilita a vida humana na Terra. Forma-se quando os raios de sol atingem o planeta: quase 50% ficam retidos na atmosfera, enquanto o restante alcança a superfície terrestre, aquecendo o planeta. Entretanto, a poluição produzida pelo ser humano vem aumentando o efeito estufa, por causa de gases que se acumulam na atmosfera. Dessa forma, a Terra vai ficando mais quente.

FONTE: JORNAL *JOCA*, EDIÇÃO 22 (30/4/2013 A 13/5/2013).

POLUIÇÃO AFETA CRIANÇAS PELO MUNDO

Doenças ligadas à poluição do ar foram responsáveis pela morte de quase 600 mil pessoas de até 15 anos no mundo em 2016.

O número está em um relatório da Organização Mundial da Saúde (OMS) publicado em 2018. No Brasil, o total de vítimas fatais de até 15 anos foi de 693 no mesmo período. Ao redor do planeta, cerca de 93% das crianças — ou seja, 1,8 bilhão — estão expostas todos os dias a níveis de poluição maiores do que o recomendado. Ásia, África e América Latina estão entre as regiões mais afetadas.

A contaminação do ar pode causar alergias, pneumonia, asma, danos ao desenvolvimento mental e motor, infecções de ouvido, obesidade e câncer infantil, de acordo com o documento da OMS. Quando crescem, as crianças podem ter doenças cardiovasculares, que afetam o coração e os vasos sanguíneos.

Menino usa máscara para se proteger da poluição em Pequim, na China.

MAIS EXPOSIÇÃO

Segundo a OMS, as crianças são mais expostas do que os adultos aos efeitos da poluição porque respiram mais rapidamente, absorvendo uma quantidade maior de poluentes, e estão mais próximas do chão, onde está concentrada a contaminação. Além disso, seu sistema imunológico — capacidade do organismo para combater doenças — ainda está em formação, assim como o corpo.

"O ar poluído é um veneno para milhões de crianças e está arruinando a vida delas", afirmou o doutor Tedros Adhanom Ghebreyesus, diretor-geral da OMS, em comunicado.

- Uma em cada dez crianças com menos de 5 anos morre por causa da poluição.

- 98% das crianças menores de 5 anos são expostas à alta poluição do ar em países em desenvolvimento. Nas nações desenvolvidas o percentual é de 52%.

- Um bilhão de crianças de até 15 anos sofrem com a poluição dentro de casa, onde não há fogão e os alimentos são preparados com combustíveis poluentes, como carvão e querosene.

AJUDE A DIMINUIR A POLUIÇÃO!!!

FONTE: JORNAL *JOCA*, EDIÇÃO 123 (12/11/2018 A 28/1/2019).

REPORTAGEM DE CAPA

O AÇÚCAR NA ALIMENTAÇÃO

Apesar de o carboidrato ser fonte de energia, consumir açúcar refinado - um tipo de carboidrato - faz mal para a saúde.

Você come algo cheio de açúcar e se sente bem nesse momento? É que o açúcar faz o corpo liberar uma substância chamada dopamina, hormônio que gera sensação de bem-estar. Aí, quanto mais açúcar você consome, mais dopamina é liberada e mais satisfeito você se sente.

Além disso, chega um momento em que o nível de açúcar diminui no seu organismo e você sente necessidade de comer algo doce outra vez, em um ciclo que recomeça.

Só que açúcar em excesso não faz bem para a saúde e pode gerar problemas como obesidade (doença causada pelo acúmulo em excesso de gordura no corpo). A Organização Mundial da Saúde (OMS) recomenda que sejam ingeridos até 25 gramas de açúcar por dia.

ÁGUA
Todos os alimentos que comemos contêm água em maiores ou menores proporções. A água é um elemento essencial ao nosso corpo.

A QUANTIDADE DE AÇÚCAR NOS ALIMENTOS

SUCO DE LARANJA PRONTO (garrafa com 330 mililitros): **34 GRAMAS**

REFRIGERANTE DE COLA (garrafa de 500 mililitros): **53 GRAMAS**

KETCHUP (100 gramas): **22,77 GRAMAS**

SUCO DE CAIXINHA (100 mililitros): **11 GRAMAS**

BALA DE GOMA (100 gramas): **56 GRAMAS**

QUATRO COOKIES COM GOTAS DE CHOCOLATE: 34 GRAMAS

30 GRAMAS DE AÇÚCAR EQUIVALEM A 1 COLHER DE SOPA

QUE DELÍCIA! ESTA FRUTA É DOCINHA.

ATENÇÃO
Nenhum alimento traz todos os nutrientes de que nosso corpo precisa. Por isso, é muito importante ter uma alimentação diversificada.

DOS ALIMENTOS AOS NUTRIENTES

As substâncias necessárias para que nosso organismo funcione bem estão nos nutrientes.

Eles podem ser divididos em dois subgrupos: macronutrientes e micronutrientes.

MACRONUTRIENTES
Fornecem a energia de que nosso corpo precisa em grande quantidade.

CARBOIDRATOS: encontrados em pães e alimentos à base de trigo, batata, lentilha, etc.

LIPÍDEOS (GORDURAS): leites e derivados, azeite, castanha, entre outros.

PROTEÍNAS: aves, peixes, carne vermelha, etc.

MICRONUTRIENTES
São os minerais e as vitaminas de que nosso corpo precisa em pequena quantidade.

VITAMINAS: presentes em frutas, como laranja, kiwi e acerola, e em vegetais, como os de folhas verdes.

SAIS MINERAIS: estão em frutas, verduras, peixes, entre outros.

FONTE: JORNAL *JOCA*, EDIÇÃO 20 (1/4/2013 A 15/4/2013).

SAÚDE

BRASILEIROS SE EXERCITAM POUCO
E ASSISTEM MUITO À TV

Quase metade das pessoas no Brasil acima dos 18 anos (46%) faz menos de 150 minutos de exercícios por semana.

Os resultados estão na Pesquisa Nacional de Saúde, do IBGE, que apresenta dados referentes a 2013. Roraima tem a população mais sedentária: 57,3% das pessoas de lá não fazem nenhuma atividade.

O estudo também mostrou que mulheres se alimentam melhor do que os homens (consomem mais frutas e hortaliças), mas se exercitam menos do que eles. Isso acontece devido a falta de tempo, já que mulheres costumam se dividir entre vários afazeres.

Os brasileiros também veem muita TV. Cerca de 29% assistem a três horas ou mais de televisão por dia. O estado mais ligado na telinha é o Rio de Janeiro.

FAZEM EXERCÍCIOS FÍSICOS
27% homens
18% mulheres

COMEM FEIJÃO DIARIAMENTE
68% homens
77% mulheres

TÊM ATIVIDADES DOMÉSTICAS (EM CASA)
5,4% homens
18% mulheres

COMEM DOCE DIARIAMENTE
20% homens
22% mulheres

COMEM FRUTAS E LEGUMES DIARIAMENTE
34% homens
39% mulheres

FONTE: JORNAL *JOCA*, EDIÇÃO 52 (3/2/2015 A 19/2/2015).

PLANTAS MEDICINAIS: AJUDA DA NATUREZA

Muitas plantas podem ser cultivadas em hortas caseiras e usadas em chás e banhos.

As plantas medicinais são usadas desde a Pré-História. Ao longo do tempo, cientistas sintetizaram as moléculas presentes nessas plantas em laboratório. Isso levou à fabricação de alguns medicamentos.

NA NATUREZA, TEMOS TUDO O QUE PRECISAMOS!

POR QUE ALGUMAS PLANTAS ATUAM COMO REMÉDIOS CASEIROS?

Algumas espécies possuem substâncias com efeito terapêutico, ou seja, ajudam a tratar problemas de saúde.

POVOS QUE USAM PLANTAS MEDICINAIS

Chineses: as plantas medicinais são usadas há mais de dois mil anos. O objetivo é garantir o equilíbrio e a harmonia do corpo.

Indígenas brasileiros: muitos povos conhecem as plantas medicinais, como os matsés, da Floresta Amazônica.

IMAGENS: GETTY E SHUTTERSTOCK

A ingestão dessas plantas medicinais não é recomendada para gestantes e lactantes.

ATENÇÃO!
Antes de usar uma planta para tratamento de doenças, é **importante** consultar um médico para saber se ela é indicada para você.

COMO AS PLANTAS MEDICINAIS ATUAM?

Alecrim: diminui o cansaço físico e a flatulência (emissão de gases), entre outros.

Capim-limão: contra dor de cabeça, insônia (dificuldade para dormir), dores musculares, etc.

Vassourinha: ajuda a combater coceira, inchaço e má digestão, por exemplo.

Orégano grego: é bom para tratamento de bronquite, tosse e dores musculares, entre outros.

FONTE: JORNAL *JOCA*, EDIÇÃO 115 (12/6/2018 A 30/7/2018).

BAÚ DE CURIOSIDADES

BANANA PODE SUMIR DO PLANETA

Todos os anos, mais de 100 milhões de toneladas de bananas são produzidas no mundo, mas a fruta corre risco de extinção.

"ADORO BANANAS E VÁRIAS OUTRAS FRUTAS!"

Um fungo atinge as plantações desde 1950 e ficou mais poderoso recentemente. Começou a afetar até a banana-nanica, que era imune à praga. Para evitar a extinção da planta, pesquisadores testam novas espécies e também tentam aperfeiçoar geneticamente a banana-nanica.

Plantada em cerca de 130 países, a banana é o alimento mais cultivado pelo ser humano depois do arroz, do trigo e do milho, apesar de só se adaptar bem em climas tropicais.

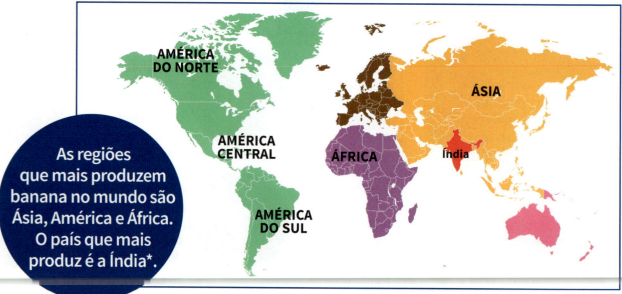

As regiões que mais produzem banana no mundo são Ásia, América e África. O país que mais produz é a Índia*.

*FONTE: ORGANIZAÇÃO DAS NAÇÕES UNIDAS PARA A ALIMENTAÇÃO E A AGRICULTURA, DADOS DE 2010 A 2017.

FONTE: JORNAL JOCA, EDIÇÃO 71 (23/2/2016 A 7/3/2016).

ENERGIA EÓLICA NO BRASIL

Saiba mais sobre a capacidade brasileira na produção de energia a partir da força dos ventos.

PARECE UM CATA-VENTO

De acordo com dados do Global Wind Energy Council (Conselho Global de Energia Eólica, em português), nosso país ficou em quinto lugar no *ranking* dos mercados que mais cresceram em energia eólica no mundo em 2018. A lista traz China, Estados Unidos, Alemanha e Índia nas quatro primeiras posições. O relatório do órgão internacional também mostrou que, apenas em 2018, **51,3 gigawatts** de energia eólica foram adicionados ao redor do planeta. Segundo a Associação Brasileira de Energia Eólica (ABEEólica), o Brasil tinha 580 parques eólicos instalados em abril de 2019.

Esses parques eólicos estão em 12 estados do território nacional, com capacidade para abastecer 25,5 milhões de residências por mês — ou cerca de 80 milhões de pessoas.

Um dos principais benefícios desse tipo de energia é o fato de ela ser renovável e não poluir o meio ambiente.

COMO FUNCIONA A ENERGIA EÓLICA?

- Grandes cata-ventos com três hélices são instalados em parques na terra ou em alto-mar.

- Quando o vento gira as hélices, o rotor (parte da estrutura) é acionado e transmite a rotação ao gerador.

- A força dos ventos é transformada em energia elétrica.

GIGAWATT
equivalente a um bilhão de watts — watt é a unidade de medida da potência elétrica (as lâmpadas de LED que usamos em casa costumam variar entre 6, 7 ou 9 watts, por exemplo).

9% da matriz elétrica brasileira (conjunto de fontes disponíveis para a geração de energia elétrica) vem da energia eólica — a maior parte é gerada pelas **hidrelétricas**, que representam 60%.

FONTE: JORNAL *JOCA*, EDIÇÃO 108 (5/3/2018 A 19/3/2018).

IMAGENS: SHUTTERSTOCK

TEC

UMA LÂMPADA DE ALGA

Invenção é alimentada por gás carbônico presente no ar.

Depois de anos de pesquisa, o bioquímico francês Pierre Calleja criou, em 2012, o protótipo de uma lâmpada cheia de tubos com água e algas, que se alimentam do gás carbônico (CO_2) presente no ar — grande causador do efeito estufa (saiba mais na página 6).

Por meio da fotossíntese, elas captam o CO_2 do ar — estima-se que as algas sejam capazes de absorver cerca de 200 vezes mais gás carbônico do que as árvores — e produzem oxigênio e carboidrato. Ambos ficam armazenados em uma bateria na estrutura da lâmpada. Quando a noite chega, a energia que foi produzida durante o dia gera iluminação para o ambiente. Espera-se que, no futuro, o invento ilumine ruas e parques.

DISPOSITIVOS CARREGADOS VIA WI-FI

Novidade surgiu em instituto de pesquisa nos Estados Unidos

Carregar a bateria de aparelhos eletrônicos sem a necessidade de um equipamento para isso pode se tornar realidade no futuro. Uma das iniciativas para fazer essa ideia sair do papel foi divulgada em 2019 e surgiu no Instituto de Tecnologia de Massachusetts, nos Estados Unidos. Cientistas do local estão desenvolvendo um tipo de antena capaz de capturar sinais de Wi-Fi e transformá-los em corrente elétrica, fazendo com que os dispositivos continuem realizando suas funções, ou seja, não tenham a bateria descarregada.

A invenção, depois da fase de testes, poderá ser usada para carregar celulares, laptops e equipamentos médicos, entre outros.

COMO MELHORAR A VIDA ÚTIL DE UMA BATERIA?

Confira dicas do Battery University, site especializado no assunto:

● Procure manter a bateria entre 65% e 75% carregada.

● Não deixe o celular carregando por muito tempo. É melhor carregar o aparelho várias vezes ao dia.

● Não deixe que a bateria chegue a 100%. Isso pode prejudicar a vida útil.

IMAGENS: DIVULGAÇÃO, SHUTTERSTOCK

FONTE: JORNAL *JOCA*, EDIÇÕES 87 (17/11/2016 A 31/1/2017) E 125 (11/2/2019 A 25/2/2019).

CADERNO DE CRIATIVIDADE E ALEGRIA

ALUNO: ....

ESCOLA: .... TURMA: ....

SUMÁRIO

O UNIVERSO 3
    Instrumento de observação: telescópio 3
    Transformação na crosta terrestre 5
    A Lua e seus movimentos 9

CICLOS DA NATUREZA 12
    O ciclo da água 12
    Cadeia alimentar 14

O CORPO HUMANO 17
    Os sistemas 17

MATÉRIA E ENERGIA 25
    Os estados físicos da matéria 25
    Danos ambientais causados pelo plástico 26
    Reciclagem de papel 27
    Energia térmica 28
    Fontes de energia 30

O UNIVERSO

Instrumento de observação: telescópio

1 O telescópio é um exemplo de instrumento que tem a capacidade de formar imagens ampliadas de objetos distantes. Vamos observar as imagens de alguns astros captadas por telescópios? Siga as orientações do professor.

Disco 1

Disco 2

Saturno: Nada Sertic/Shutterstock; Júpiter: Geopic/Shutterstock; Vênus: Tristan3D/Shutterstock; Netuno: Sabino Parente/Shutterstock; Constelação Cruzeiro do Sul: Tonic Ray/Shutterstock; Constelação Escorpião: Martina Badini/Shutterstock

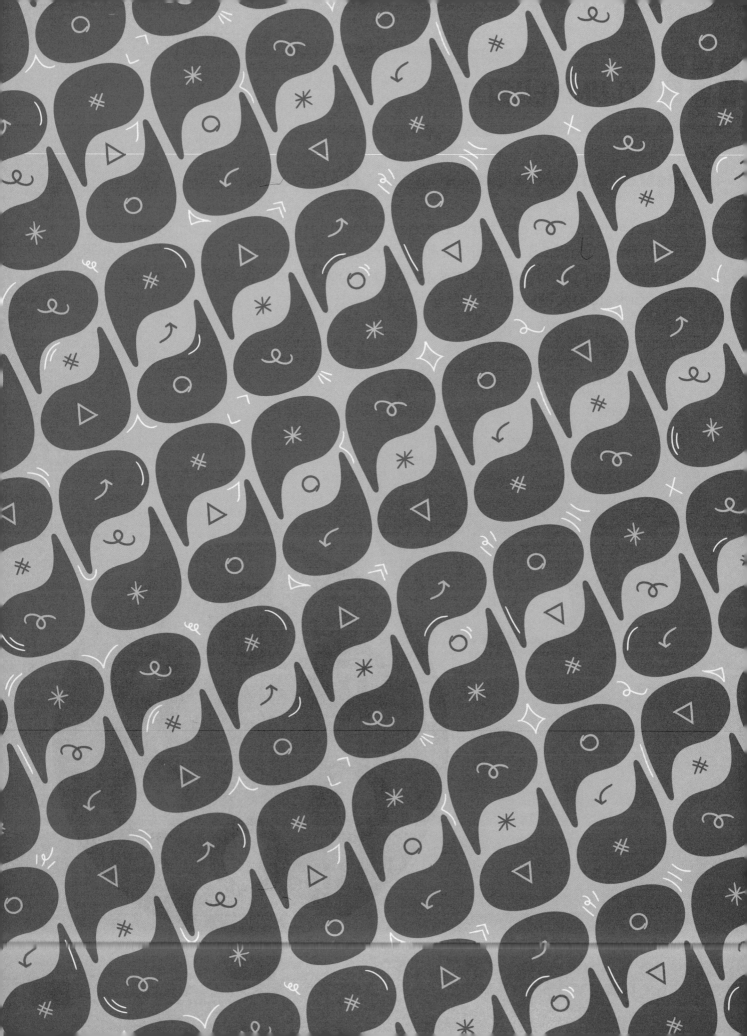

Transformação na crosta terrestre

2 Leia o texto abaixo:

Há 200 milhões de anos, existia um único continente: a Pangeia.

A Pangeia se dividiu lentamente em grandes pedaços, que se afastaram uns dos outros.

Esses pedaços transformaram-se nos continentes atuais: a Eurásia (Europa e Ásia), a América, a África, a Oceania e a Antártida.

Os continentes continuam se deslocando: a América afasta-se 2 cm por ano da Europa e da África. Por sua vez, a América e a Ásia se aproximam. É possível que um dia os continentes voltem a formar um único bloco!

O planeta Terra, de Sylvie Baussier. São Paulo: Moderna, 2007. (Criança curiosa).

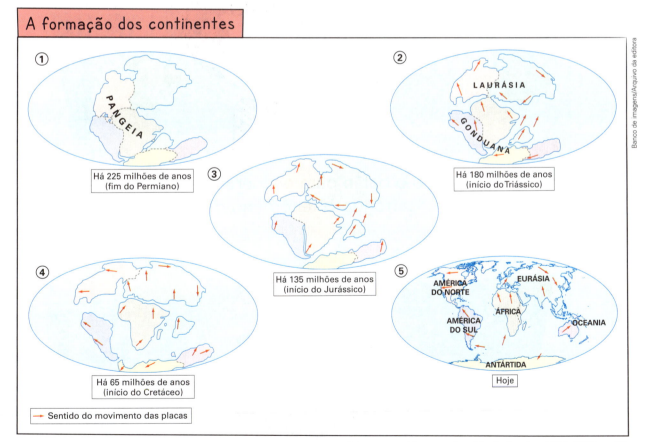

A formação dos continentes

① Há 225 milhões de anos (fim do Permiano)
② Há 180 milhões de anos (início do Triássico)
③ Há 135 milhões de anos (início do Jurássico)
④ Há 65 milhões de anos (início do Cretáceo)
⑤ Hoje

→ Sentido do movimento das placas

Elaborado com base em **Atlas geográfico escolar**. Rio de Janeiro: IBGE, 2016. p. 12.

● Os continentes atuais faziam parte de um único bloco chamado Pangeia.

Representação esquemática sem escala.

- Vamos ver como os continentes se separaram? Siga o passo a passo da atividade para entender o que aconteceu com a Pangeia.

Material:

- 1 balão azul
- Fita dupla face

Procedimentos:

a) Recorte as peças (continentes) da página 7.

b) Infle o balão apenas o suficiente para colar os continentes, com a fita dupla face, bem próximos um do outro, como era na Pangeia. Se você tiver dúvida de como dispor os continentes, observe o mapa da página anterior.

c) Continue soprando o balão para encher mais, a ponto de as figuras se afastarem, ilustrando o fenômeno da separação dos continentes.

Revista **Professor Sassá**. São Paulo: Minuano, ano III, n. 29. p. 40-43. (Texto adaptado).

Recortes para a atividade da página anterior:

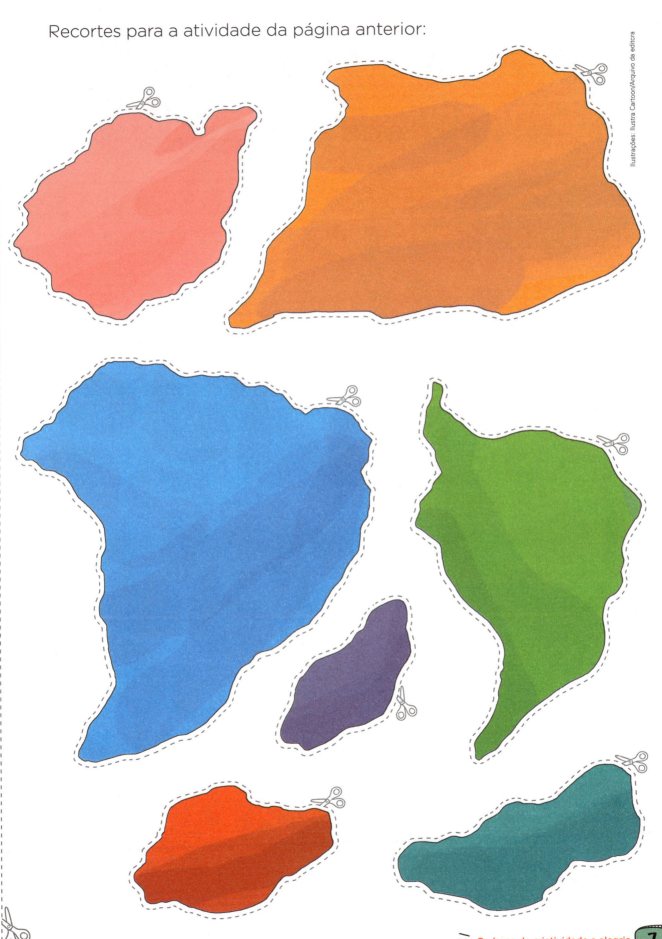

A Lua e seus movimentos

3 Vamos montar um calendário lunar? Recorte e organize as formas aparentes da Lua no céu, em sequência, de acordo com o movimento dela ao redor da Terra.

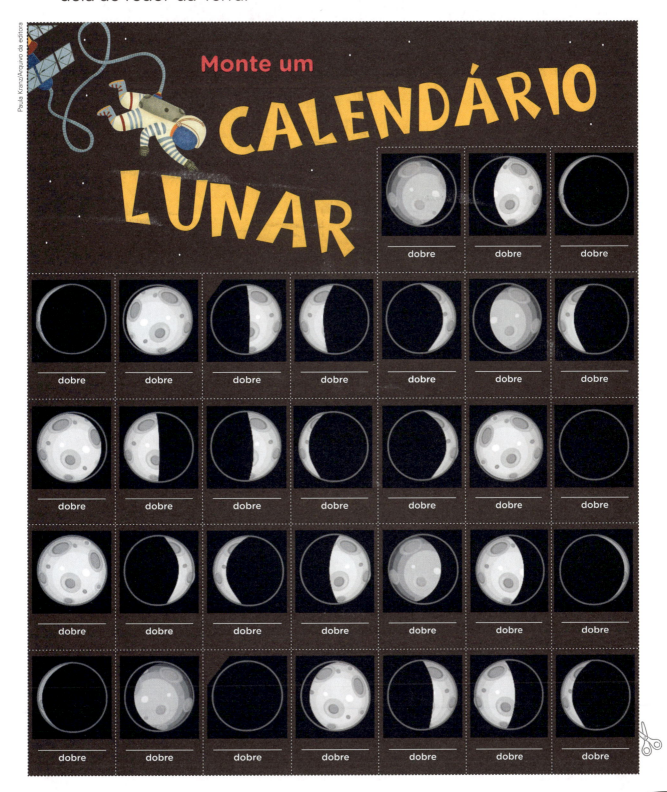

Caderno de criatividade e alegria

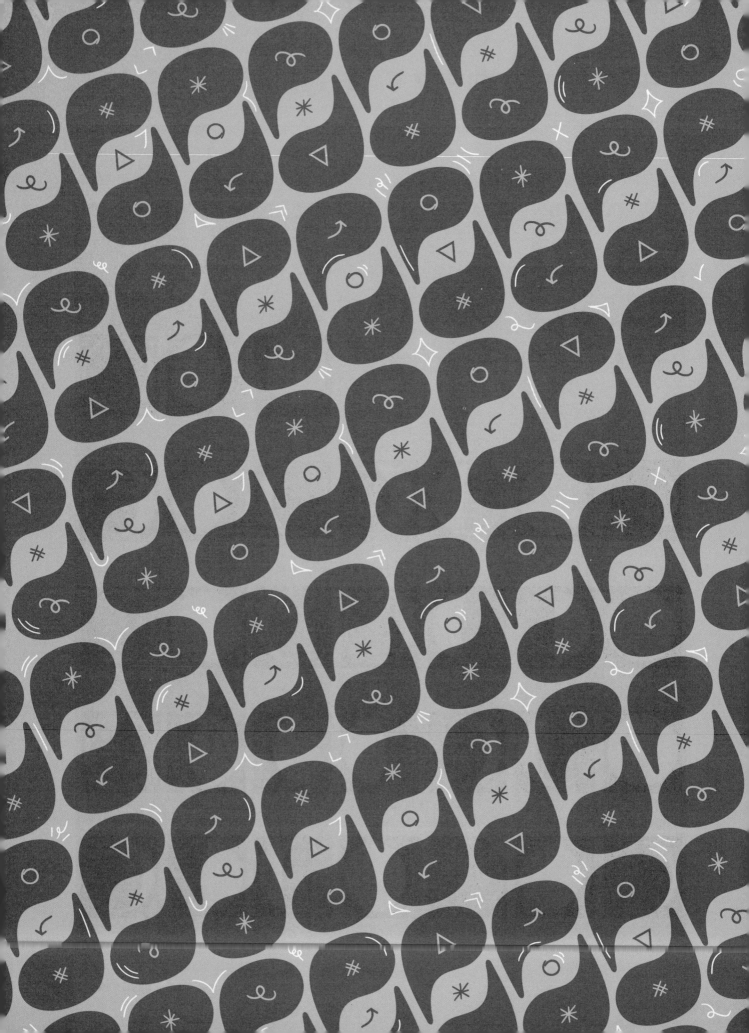

Dobre a base das imagens deixando-as "em pé". Observe a fase em que a Lua se encontrava no primeiro dia de agosto de 2019 e complete o calendário, posicionando a imagem da fase da Lua correspondente a cada dia do mês. Cole a base dos recortes das fases da Lua da página 9 nas bases do esquema abaixo.

AGOSTO – 2019

Domingo	Segunda	Terça	Quarta	Quinta	Sexta	Sábado
				1 Lua nova	2	3
				Cole	Cole	Cole
4	5	6	7	8	9	10
Cole	Cole	Cole	Cole	Cole	Cole	Cole
11	12	13	14	15	16	17
Cole	Cole	Cole	Cole	Cole	Cole	Cole
18	19	20	21	22	23	24
Cole	Cole	Cole	Cole	Cole	Cole	Cole
25	26	27	28	29	30 Lua nova	31
Cole	Cole	Cole	Cole	Cole	Cole	Cole

- Procure identificar o trecho da trajetória da Lua em cada semana do mês de agosto.

CICLOS DA NATUREZA

O ciclo da água

4 Separe um saco plástico com fecho hermético e cole-o na página ao lado com o auxílio de uma fita adesiva de dupla face.

Colete duas folhas finas de uma planta e coloque-as dentro deste saco.

Feche o saco plástico e mantenha-o vedado e exposto ao sol por cerca de uma hora.

Após observar o resultado, responda às perguntas a seguir:

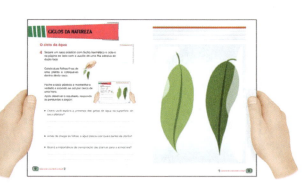

- Como você explica a presença das gotas de água na superfície do saco plástico?

....
....
....

- Antes de chegar às folhas, a água passou por quais partes da planta?

....

- Qual é a importância da transpiração das plantas para a atmosfera?

....
....

Cadeia alimentar

5 Recorte, dobre e cole a pirâmide da página ao lado, conforme as indicações. Observe cada face da pirâmide e verifique como os diferentes termos e conceitos estão relacionados. Assim, julgue se as frases abaixo são corretas ou falsas, marcando um "**X**".

a) As focas estão no topo da cadeia alimentar marinha, ocupando o quinto nível trófico.

☐ correto ☐ falso

b) Os salmões-rei são seres autótrofos.

☐ correto ☐ falso

c) As algas verdes são produtoras desta cadeia alimentar. Elas ocupam o primeiro nível trófico.

☐ correto ☐ falso

d) A cadeia alimentar apresenta 6 níveis tróficos.

☐ correto ☐ falso

e) As percas-amarelas são consumidoras secundárias; elas estão no terceiro nível trófico da cadeia.

☐ correto ☐ falso

Agora você pode substituir os seres vivos da cadeia alimentar marinha por seres vivos que exemplifiquem outras cadeias alimentares. Note que a nova cadeia alimentar deve ter a mesma quantidade de níveis tróficos. Após substituí-los, leia os termos de cada linha da pirâmide e forme frases usando os novos exemplos.

....

....

....

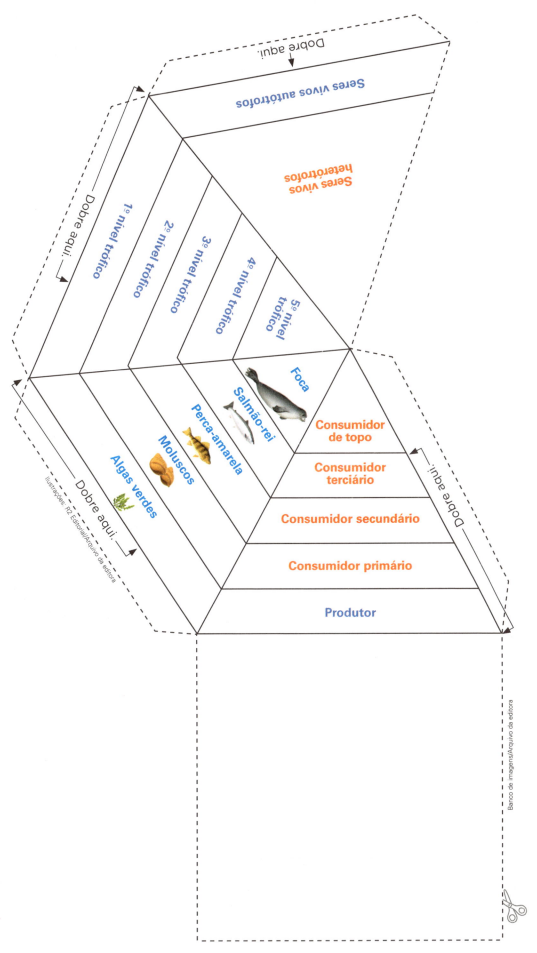

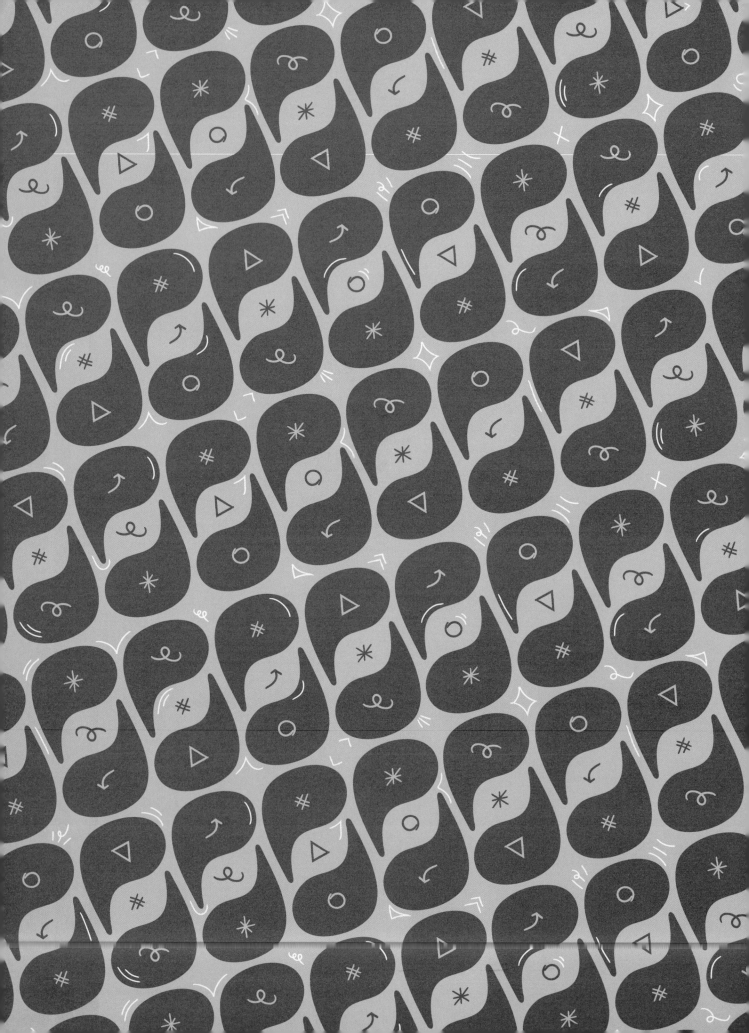

O CORPO HUMANO

Os sistemas

6 Recorte todos os quadros e monte-os para formar um livrinho dos sistemas do corpo humano. Você poderá consultá-lo sempre que precisar.

Os sistemas do corpo humano

Parte integrante da COLEÇÃO MARCHA CRIANÇA – CIÊNCIAS – 5º ano. Editora Scipione. Não pode ser vendida separadamente.

Sistema nervoso

Transmite informações vindas de dentro e de fora do corpo para o encéfalo, que interpreta essas informações e responde aos estímulos com diversas ações.

2

dobra

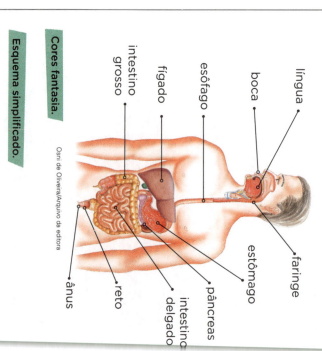

- língua
- boca
- esôfago
- fígado
- intestino grosso
- faringe
- estômago
- pâncreas
- intestino delgado
- reto
- ânus

Osni de Oliveira/Arquivo da editora

Cores fantasia.
Esquema simplificado.

15

Sistema digestório

Transforma o alimento ingerido em substâncias pequenas o suficiente para serem transportadas pelo sangue para todo o corpo.

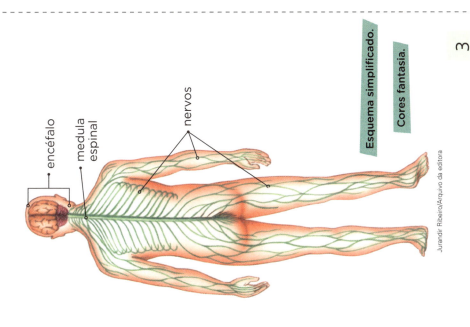

Esquema simplificado.
Cores fantasia.

Jurandir Ribeiro/Arquivo da editora

3

14

Sistema cardiovascular

O coração bombeia o sangue, que, por meio de vasos sanguíneos (artérias e veias), transporta substâncias vitais para o corpo inteiro.

4

dobra

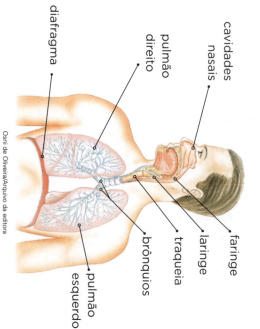

cavidades nasais
pulmão direito
diafragma
faringe
laringe
traqueia
brônquios
pulmão esquerdo

Osni de Oliveira/Arquivo da editora

Cores fantasia.
Esquema simplificado.

13

Sistema respiratório

O ar inspirado pelas fossas nasais penetra na traqueia e nos brônquios e vai até os pulmões. O sangue que circula nos pulmões absorve o oxigênio do ar e elimina o gás carbônico, que é liberado pela expiração.

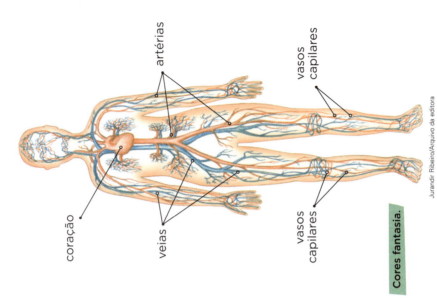

artérias

vasos capilares

coração

veias

vasos capilares

Jurandir Ribeiro/Arquivo da editora

Cores fantasia.

Esquema simplificado.

Sistema genital

Tanto o sistema genital do homem como o da mulher têm uma função específica: possibilitar a reprodução. Os órgãos sexuais masculinos produzem os espermatozoides, que, dentro do corpo da mulher, poderão fecundar o óvulo produzido pelo ovário e liberado no útero. Havendo fecundação, um embrião se desenvolverá no útero.

6

dobra

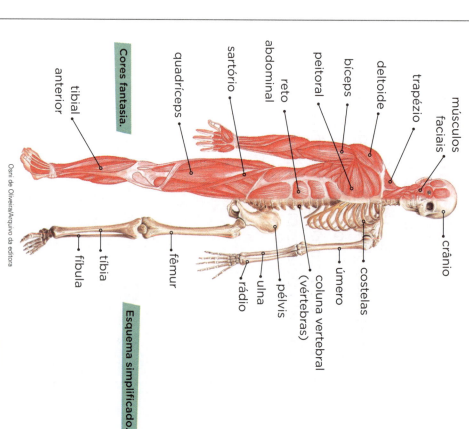

Osni de Oliveira/Arquivo da editora

Cores fantasia.

Esquema simplificado.

- músculos faciais
- trapézio
- deltoide
- bíceps
- peitoral
- reto abdominal
- sartório
- quadríceps
- tibial anterior
- crânio
- costelas
- úmero
- coluna vertebral (vértebras)
- pélvis
- ulna
- rádio
- fêmur
- tíbia
- fíbula

11

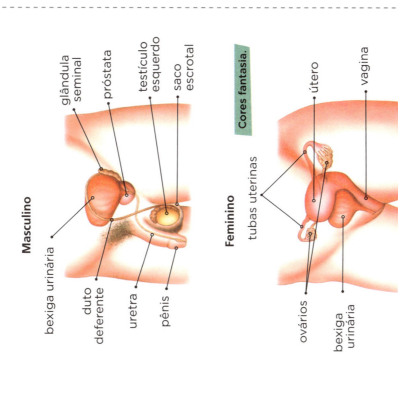

Masculino
- bexiga urinária
- glândula seminal
- próstata
- testículo esquerdo
- saco escrotal
- duto deferente
- uretra
- pênis

Feminino
- tubas uterinas
- útero
- vagina
- ovários
- bexiga urinária

Cores fantasia. Esquema simplificado.

Ilustrações: Jurandir Ribeiro/Arquivo da editora

Sistema locomotor

É formado pelos ossos, que dão suporte e proteção ao corpo, e pelos músculos, que são presos aos ossos, mantendo-os no lugar e permitindo que sejam movimentados quando necessário.

Sistema urinário

É formado por rins, uretra, ureteres e bexiga. Nos rins, o sangue é filtrado e, então, retorna ao coração. Os resíduos vão compor a urina, que é conduzida pelos ureteres até a bexiga, de onde é eliminada passando pela uretra.

8

dobra

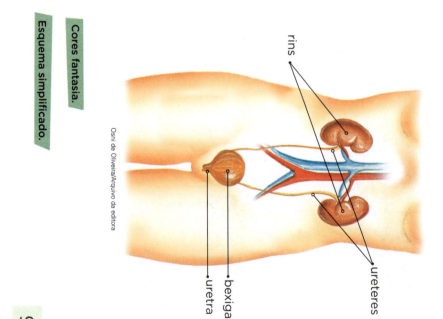

Osni de Oliveira/Arquivo da editora

Cores fantasia.
Esquema simplificado.

9

MATÉRIA E ENERGIA

Os estados físicos da matéria

7 Desenhe, no quadro abaixo, um ambiente de uma casa que apresente:

- uma substância em estado líquido;
- um objeto feito de material plástico;
- um objeto feito de madeira;
- um objeto em movimento;
- um objeto que se encontre aquecido.

Danos ambientais causados pelo plástico

8 Leia as informações a seguir sobre as sacolas plásticas:

- Segundo o MMA (Ministério do Meio Ambiente), cerca de um milhão de animais marinhos morrem todos os anos devido às sacolas plásticas que chegam ao mar.

- Sacolas plásticas jogadas nas ruas e calçadas contribuem para causar enchentes nas cidades.

- O processo de confecção de sacolas plásticas usadas no transporte de alimentos causa danos ao ambiente.

De que forma as sacolas plásticas causam os danos citados acima?

....

....

....

....

Reciclagem de papel

9 Em sua opinião, de que forma a produção e o consumo de papel podem afetar os seres vivos e o ambiente?

....

....

....

- Vamos reciclar papel?

a) Separe alguns papéis que seriam jogados no lixo. Rasgue-os em pequenos pedaços. Cole um deles no quadro ao lado e observe-o.

b) Coloque os papéis rasgados em um recipiente com água por cerca de 2 dias, para que as fibras sejam separadas.

c) Dissolva os papéis com as mãos até que essa mistura vire uma massa.

d) Espalhe uma fina camada dessa massa em uma rede ou tela fina. Coloque um peso por cima para prensar a massa.

e) Depois de 24 horas, retire o peso e deixe o papel secar em ambiente seco ou ao sol.

f) Cole o seu papel no quadro abaixo e escreva uma mensagem sobre a importância da reciclagem.

Compare o papel antes e depois da reciclagem e verifique se ele sofreu modificações.

Energia térmica

10 Em sua casa, qual é o combustível usado para cozinhar os alimentos?

....

Você sabia que "fogões solares" vêm sendo usados para reduzir o uso da lenha e de outros combustíveis? A energia da luz solar, ao ser concentrada, pode ser usada para o aquecimento de materiais. Acompanhe a seguir um exemplo de como é possível fazer um fogão solar caseiro de baixa temperatura.

a) Coloque uma caixa de papelão menor dentro de uma outra de tamanho maior e preencha o espaço entre elas com material isolante. Depois, cubra a parte interna da caixa menor com um material que absorva calor.

- Cite um material isolante que poderia ser usado entre as duas caixas.

....

....

- Qual material você usaria para cobrir a parte interna da caixa menor?

....

....

b) Corte quatro abas de papelão no formato de trapézios, sendo que a largura menor do trapézio deve ser igual à largura da lateral da caixa em que ele ficará preso. Depois, deve-se cobrir cada pedaço de papelão com um material reflexivo.

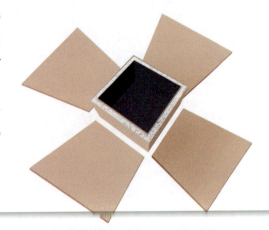

- Cite um material reflexivo para cobrir os trapézios de papelão.

....

....

....

....

c) Por fim, prenda cada refletor no topo de cada lado da caixa, formando um ângulo de cerca de 45 graus. O objeto a ser aquecido deve ser colocado dentro da caixa menor. Procure cobrir a caixa com um material transparente.

- Indique um material transparente para cobrir a caixa de papelão.

....

Agora, reúna-se com um colega e discutam a importância de cada material para o funcionamento do fogão solar. Vocês saberiam explicar como ele funciona? Registre suas hipóteses a seguir.

....

....

....

....

Fontes de energia

11 Tudo o que acontece no mundo depende de energia. Ela possibilita o fornecimento de calor e movimento. Vamos usar um pouco da nossa energia para jogar "mico"?

Nesse jogo, você vai identificar diferentes tipos e fontes de energia. Vai perceber também que o ser humano aprendeu a transformar um tipo de energia em outro, utilizando equipamentos que ele desenvolveu. Para isso, convide um colega para jogar "mico". Leiam juntos as regras a seguir e divirtam-se.

- Com o auxílio de uma tesoura de pontas arredondadas, recorte as cartas da página ao lado.

- Embaralhe e distribua as cartas entre você e o seu colega. Em seguida, vocês devem formar pares que contenham o nome de um determinado tipo ou fonte de energia e o desenho correspondente.

- Empilhem os pares formados e coloquem esse monte ao seu lado, na mesa.

- Mantenha as cartas que sobraram em sua mão, sem mostrá-las ao seu colega. Peça a ele que retire uma de suas cartas e tente formar mais um par, colocando-o no monte. Em seguida, é a sua vez.

- Repita esses passos sucessivamente até sobrar a carta sem par, chamada de "mico".

Atenção, pois o objetivo do jogo é não terminar com o mico na mão!

ENERGIA EÓLICA

a movimentação das hélices do moinho de vento gera energia elétrica

ENERGIA HIDRELÉTRICA

aproveitamento da força da água para gerar energia elétrica

ENERGIA QUÍMICA

energia contida nos alimentos, obtida por meio de reações químicas

ENERGIA SOLAR

energia obtida pelo calor e luz do Sol

ENERGIA LUMINOSA

a energia elétrica é transformada em energia luminosa